讀氣軒 명상록

山寺가는 길

(淸戽 이정희 선생 글씨체)

省覺 태재훈
독기헌에서 엮고 덖고 짓다

도서출판 생각하는 사람

나의 기도문

진흙 속에 뿌리내리고
더러움 속에 피어나
내 마음 연꽃 되게 하소서

어둠 물러나고
향기 가득하라

바람 불어도 꺾이지 않고
물결 일어도 흐려지지 않네

내 마음 연못에도
한 송이 연꽃 피어
스스로 빛나게 하소서.

讀氣軒 省覺 拜

편집인 독백

산사 가는 길.

얼핏 보면 산사를 여행 삼아, 휴양 삼아, 여가를 즐기는 한량의 기운이 느껴져, 처음에는 편안한 마음으로 편집에 임했습니다.
그러나 원고 첫페이지를 펼치는 순간, 곧바로 착각임을 알게 되었습니다.
"나는 누구인가?"
"나는 어떻게 살아야 하는가?'
"나는 어디서 와서, 어디로 가는가?"
철학의 기본적 명제이면서도 가장 심오한 철학적 이해를 요하는 내용을 접하는 그때, 머리에 "찡"하는 전율을 느끼며, 이내 마음을 바로 잡고서 진지하게 편집에 임하게 되었습니다.
省覺님은 이런 기본적이면서도 심오한 진리를 어떻게 파헤칠 것인가? 하는 관심이 쏠리는 것은 어찌 보면 당연한 일일 것입니다.
省覺님이 산사를 단순한 휴양을 위하거나 수양 수단으로서만이 아니고, 한소식(깨달음)을 구하는 수행자의 자세로 임하여, 쉽게 접근하기 어려운 철학적 명제에 부처님의 불교 사상을 제시하면서 너무도 쉽고 명쾌하게 제시하였다는 점은 省覺님이 얻어낸 한소식(깨달음) 정도가 상당하였다는 점을 보여주는 듯합니다.
중생이 평생을 겪게 되는 4가지 고통.
생(生), 노(老), 병(病), 사(死)의 4고(苦)를 사성제(四聖諦)라는 불교의 기본 교리를 풀어 쉽게 설명하면서, 일반 대중들이 편안한 마음으로 불교를 접근하게 한 것이 "산사 가는 길"의 묘미가 아닌가 생각됩니다.
인생 4고(苦)를 사성제(四聖諦)라는 불교의 기본 교리로 쉽고 편하게 접근 시키면서, 불교의 깨달음과 열반에 이르는 불교 수행법인 팔정도(八正道)를 제시함으로써, 중생이 올바른 삶을 영위할 수 있도록 방향을 제시한 것은 복잡하고도 혼란한 사회에서 갈 길을 잃고 헤매는 세대, 특히 2030 세대에게 큰 희망의 메시지가 될 것입니다.

편집자 普鉉 독백.

프롤로그

우리는 왜 산사를 찾는가?

아침이 밝아올 때,
우리는 무의식적으로 차가운 화면 속에 손을 내민다.
빛나는 사각형 안에서 쉴 새 없이 쏟아지는 알림과 소식들은
우리의 정신을 휘감고,
마음은 점점 더 얽히고설킨 실타래처럼 복잡해진다.
이 끝없는 정보의 홍수 속에서,
나는 누구인가,
내가 느끼는 이 분주함과 소란은 어디에서 오는 것인가,
이 끊임없는 연결 뒤에 숨겨진 나는 과연 무엇인가를 묻는다.
철학자는 말한다.
'나는 생각한다, 고로 존재한다'라고.
하지만 현대인은 너무 많은 생각에 갇혀,
스스로 존재의 깊이를 잃어버린 듯하다.
'나'라는 실체는 사실 흐르는 강물 같아서,
끊임없이 변화하고 움직인다.
그 강물 속에 잠시라도 멈추어
고요히 가라앉는 마음의 순간이 없다면,
우리는 결국 자기 자신을 잃어버릴 수밖에 없다.
그래서 사람들은 산사의 길을 걷는다.
도시의 소음과 불빛을 벗어나,
푸르른 숲과 땅의 냄새,
바람에 흔들리는 나뭇잎의 속삭임 속으로 걸음을 옮긴다.
발 아래 흙과 낙엽이 부드럽게 눌리고,
머리 위 하늘은 드넓고 투명하다.
그곳에서 시간은 느리게 흐르고, 마음은 조금씩 풀려간다.
산사의 고요는 단순한 침묵이 아니다.
그것은 우주와 닿아 있는 깊은 숨결이며,
모든 것이 연결되어 있음을 느끼게 하는 존재의 언어이다.

그 길을 걷는 내면에는 복잡한 감정들이 얽혀 있다.
때로는 삶의 무게에 지쳐 탈진한 채,
스스로를 돌아볼 힘조차 잃어버린 상태이다.
한편으로는 숨 가쁜 세상 속에서도
무언가 '진짜' 자기다운 것을 갈망하는 깊은 그리움이 있다.
길 위에서 내 마음은 소란과 평화 사이를 오간다.
기억의 파편과 미래에 대한 불안이 부딪치고,
그러나 고요한 숲이 품어내는 온기는
모든 파동을 부드럽게 감싸 안는다.
철학은 깨닫게 한다.
고요 속에 진정한 '나'가 깃든다고.
생각의 소음을 멈추고,
단지 '존재하는 것' 그 자체에 머무를 때,
비로소 우리는 자기 자신과 세계를 온전히 만난다.
산사로 가는 길은 그리하여,
내면의 깊은 바다를 향한 고귀한 항해이다.
그 바다는 때로는 잔잔하고, 때로는 깊고 어둡지만,
그 속에서야 비로소 내 진짜 모습이 비추인다.
우리는 왜 산사를 찾는가.
그것은,
복잡한 세계 속에서 자신을 잃지 않으려는 몸부림이며,
스스로를 잊지 않기 위한 절실한 선언이다.
산사는 말없이 속삭인다.
'그대, 잠시 멈추어라.
그대 안에 이미 충분한 고요가 있다.
그 고요 속에서 다시 숨 쉬고,
다시 살아가라.'
그리하여 우리는 그 길을 걷는다.
고요와 연결되고 진정한 '나'와 마주하기 위해,
그리고
그 만남 속에서의 삶의 참된 의미를 다시 쓰기 위해.

목차

1부. 왜 우리는 산사를 찾는가?

1장 마음이 시끄러운 시대에.........11
2장 내가 나를 모를 때.........16
3장 고통의 성찰.........18
4장 깨어 있는 삶을 향하여.........22
5장 관계 속의 나와 자비의 길.........25
6장 마음 챙김과 깨달음 이후의 삶:
  MZ 세대와 직장인을 위한 이야기.........29
7장 나는 어디서 와서 어디로 가는가?.........32

2부. 산사에서 만난 부처님 이야기

8장 앙구리말라-
  "나는 멈추었다, 그런데 너는 왜 멈추지 않느냐".....39
9장 수닷타 장자-
  "가장 큰 기쁨은 주는 데 있다".....41
10장. 담마디나 비구니-
  "진리는 누구에게나 열려있다".....43
11장. 빔비사라 왕-
  "세상 권력보다 마음의 평화".....45
12장. 끼사 고따미-
  "세상에 죽지 않는 사람은 없다".....47
13장. 난다-
  "쾌락의 끝에는 허무가 있었다".....49
14장. 라훌라-
  "마음은 거울처럼 닦아야 한다".....51
15장. 우팔리-
  "진실은 신분을 가리지 않는다".....53

3부. 마음이 머무는 법

- 16장. 지금 여기, 숨을 쉰다는 것 57
- 17장. 걷는다는 것의 깊이 60
- 18장. 내려놓는다는 것의 용기 52
- 19장. 지금 여기에 머문다는 것 64
- 20장. 나를 잃었을 때, 나를 다시 찾는 길 66
- 21장. 평범한 순간에도 길은 있다 68
- 22장. 반복 속에서 길을 닦다 71

4부. 우연과 필연

- 23장. 나는 왜 이렇게 태어났을까? 77
- 24장. 욕망의 거울 앞에서 82
- 25장. 인연으로 맺고, 자비로 기른다 86
- 26장. 자비와 책임의 교육 90
- 27장. 다시 피어나는 마음 94
- 28장. 죽음과 이별 103

5부. 깨달음, 이것은 과연

- 29장. 깨달음. 그것은 생각보다 가까운 말 111
- 30장. 나는 환영일까? 115
- 31장. 윤회는 정말 존재하는가? 120
- 32장. 나는 나를 어떻게 받아들일 것인가? 125
- 33장. 우주의 실상과 마음의 공(空) 128
- 34장. 부처님의 깨달음, 그리고 우리 세대에게 던지는 메시지 132

부록

1. 불설비유경: 꼬살라의 빠세나디 왕에게 설하신 말씀의 경전
2. 기도는 누구를 향하는가?
3. 나의 길을 걷는 8가지 실천 방법
4. 팔정도 실천: 현재의 삶을 바로 걷기 위한 8가지 수행 방법
5. 산사 가는 길

1부. 왜 우리는 산사를 찾는가?

〈김유찬 화백 원작〉

제1장. 마음이 시끄러운 시대에

1. 알림이 울릴 때마다, 마음은 더 멀어진다.

아침에 눈을 뜨자마자 가장 먼저 손이 가는 것은 스마트폰,
눈을 비비며 스마트폰 화면을 켜는 순간,
새로운 세상이 열린다. '좋아요' 숫자, 이메일, 메시지, 단톡방 알림까지.
하루가 시작되기도 전,
우리는 이미 수많은 정보와 감정의 파도에 휩쓸린다.
작은 화면 하나에 세상이 들어왔지만,
정작 내 마음은 그 안에서 점점 더 멀어지는 우리는 MZ 세대이다.
디지털 네이티브로 태어나 인터넷과 함께 성장했고,
알고리즘과 친구가 되어 살아간다.

모든 것이 연결되어 있고, 언제든 반응해야 하는 시대.
그러나 연결은 늘 관계를 의미하지 않으며,
반응은 이해를 보장하지 않는다.
우리는 서로의 위치, 감정, 생각을 실시간으로 공유하면서도,
정작 자기 마음의 위치는 잃어버렸다.
"지금 나는 어디에 있는가?"
라는 질문을 스스로 던지지만, 대답은 알 수 없음이다.
불교는 말한다.
"모든 것은 마음에서 비롯된다."
그런데 지금, 마음은 어디에도 없다.
우리의 마음은 늘 어딘가로 가고 있고, 한자리에 멈추지 않는다.
그건 어쩌면 우리가 잃어버린 '고요'의 문제일지도 모른다.

너무 많은 소리와 빛, 반응과 의무 속에서,
고요함은 사라졌고, 고요를 잃는 순간 우리는 우리를 잃어버렸다.

2. 고요함은 사치가 아니다

한번 상상해 보자.
모든 알람이 꺼진 저녁. 텔레비전도 끄고, 휴대폰도 침묵 모드로 바꾼다.
창문 밖 바람 소리만 들리는 방안.
아무런 소리도 들리지 않고, 화면도 없다.
그때 나에게 남는 것은 무엇일까?
많은 이들이 이렇게 말한다.
"불안해요. 공허해요. 뭐라도 켜고 있어야 할 것 같아요."
우리는 너무 오래 소음 속에 살았다.
고요함은 더 이상 익숙한 친구가 아니다.
오히려 낯설고 불편하다.
침묵은 우리를 스스로와 마주하게 만들기 때문이다.
피드백, 좋아요, 채팅방 없는 세계에서,
우리는 아무것도 아닌 자신을 마주하게 된다.
이 '아무것도 아닌 나'를 견디기 어렵기에 우리는 계속 소음을 찾는다.
하지만 그 고요함 속에 부처님은 계신다.
그리고 말없이 말씀하신다. "이것이 멈춤의 힘이다."
고요는 사치가 아니다. 그것은 마음이 제자리로 돌아가는 길이다.
산사에서는 그 고요가 공기처럼 흐른다.
고요 속에서 우리는 과거와 미래의 그림자에서 빠져나와 지금과 다시 연결된다.
고요는 불안의 반대편이 아니라, 그 안에서 피어나는 새로운 관계이다.
고요할 수 있어야 우리는 자유로워진다.

3. 멈추지 못하는 마음들

아무것도 하지 않았다. 오직 지켜보는 자로 존재했다.
이것이 불교의 시작이었다.

행위가 아닌 존재, 판단이 아닌 관찰, 그저 앉아 있는 것에서
우주는 새롭게 열린다.
그러나 우리는 앉아 있지 못한다.
'멍 때리기'는 사치이고, 가만히 있는 것은 무능력처럼 느껴진다.
우리는 늘 뭔가를 해야 한다.
스펙을 쌓고, 인증샷을 남기고, 댓글을 달고, 피드백을 받아야 한다.
마음이 멈춤을 모르면, 성과와 피로는 함께 자란다.
우리는 '쓸모 있는 인간'으로 살아가느라, 존재 자체를 잃어버린다
'해야 한다'는 강박에서 '있어도 된다'는 여유로 넘어가는 것.
그것이 멈춤이다. 부처님은 이를 '정념'이라 부르셨다.
지금 이 순간, 있는 그대로 머무는 힘.
생각은 구름처럼 떠오르되, 그 구름 너머의 하늘이 나라는 것을 잊지 않는 힘.
그것이 깨어있음이다.

4. 침묵은 마음의 거울이다.

산사는 다르다.
산에 올라 사찰의 대문을 들어서면, 문득 모든 소리가 사라진다.
바람소리, 새소리, 그리고 오직 나의 숨소리만이 남는다.
도심에서는 듣지 못하던 침묵의 소리다.
그 침묵은 귀로 듣는 것이 아니라 몸으로 느끼는 것이다.
가만히 서 있기만 해도 무언가가 내 안에서 움직인다.
그 침묵은 단순한 무(無)가 아니고, 내면을 비추는 '거울'이다.
우리가 무심코 흘려보낸 감정, 억눌렸던 슬픔, 두려움이 고요 속에 떠오른다.
그것을 마주하지 않으면, 우리는 계속 바쁘게 살며 피할 수밖에 없다.
침묵은 외면했던 마음의 파편들을 다시 데려온다.
침묵은 우리를 불편하게 하지만, 동시에 우리를 해방시킨다.
마음이 자기 자신을 비추는 유일한 순간.
이것이 수행의 시작이다.
이 침묵은 말보다 더 정확한 언어이며, 동시에 문이다.

5. 왜 우리는 산사로 가는가

어떤 이는 말한다. "그냥 조용한 곳이 좋아서요."
또 어떤 이는 말한다 ."마음이 복잡할 때면, 산에 가면 정리가 돼요."
모두가 사연은 다양해도 그 뿌리는 같다.
우리는 혼자 있고 싶은데, 혼자 있기가 두려운 존재이다.
혼자 있는 법을 배운 적이 없기에 혼자는 늘 낯설고 불안하다.
산사는 혼자 있어도 외롭지 않은 공간이다.
나무와 돌, 향냄새, 그리고 이름 모를 고양이 한 마리.
모두가 함께 있으되 아무것도 강요하지 않는다.
그 공간에서 우리는 비로소 진짜 혼자, 그러나 온전히 존재할 수 있다.
존재하는 것만으로 충분하다고 말해주는 공간.
그것이 산사이다.
부처님은 당신을 보지 않는다. 그저 앉아 계신다.
그 앞에서 긴장을 풀고 무언가 증명하지 않아도 된다는 안도를 느낀다.
그것이 산사의 힘이다. 거기에는 판단이 없고, 비교도 없다.
있는 그대로 머물 수 있는 드문 공간.
그래서 우리는 산사로 향한다.

6. 고요함 속에서 다시 만나는 나

명상은 고요함 속에서 자기 자신을 다시 만나는 기술이다.
아무것도 하지 않는 시간이야말로 가장 많은 것을 보는 시간이다.
우리는 그때가 되어야 알게 된다.
'나는 누구인가?'라는 질문을, 사실 오랫동안 외면해 왔다는 것을.
많은 일이 벌어졌지만 나는 단 한번도 진심으로 안부를 묻지 않았다.
명상은 답을 주지 않지만, 오히려 질문을 맑게 해준다.
복잡했던 마음이 조용해지면,
그 안에 오래전부터 존재했던 질문들이 다시 떠오른다.
"나는 무엇을 원하는가? 나는 어디로 가는가?"
그리고 부처님은 말한다.

"답은 밖에 있지 않다. 그대의 마음을 멈추어, 거기서 보라."
우리는 멈추지 못한 채 살아왔다.
이제는 멈출 시간이다. 잠시 멈추면, 그 사이로 마음이 지나간다.

7. 오늘, 나에게 허락된 고요 5분

당신에게 묻는다.
오늘, 단 5분이라도 조용히 앉아 있었는가?
핸드폰 없이, 음악 없이 누군가의 시선도 없이, 바람이 지나가는 소리,
자신의 숨소리를 온전히 들은 적이 있는가?
그 5분은 단지 쉼이 아니라, 회복이며 사유이다.
부처님이 보리수 아래에서 맞은 정적.
우리는 그 흔적을 흉내 낼 수 있다.
이것이 비록 짧은 멈춤일지라도 하루 전체의 결을 바꾼다.

오늘, 이 책을 덮기 전에 5분을 나에게 허락해보자.
아무것도 하지 말고, 단지 숨을 들이쉬고, 내쉰다.
생각이 떠오르면 그대로 두고 몸의 감각을 느껴본다.
이 짧은 연습이 마음을 다시 제자리에 데려다준다.
고요함은 연습이 필요하다.
처음엔 낯설지만, 그 안에 마음이 있다.

부처님의 가르침은 그 무엇보다도 마음에 대한 철학이다.
그리고 그 마음은 언제나 조용히 말한다.
마음의 소리는 너무 작아서, 우리가 멈추지 않으면 들을 수 없다.
마음의 소리는 소음보다 낮고, 조용한 믿음처럼 존재한다.
고요는 이 시대의 사치가 아니라 생존 기술이다.
우리는 지금, 다시 고요함을 배워야 한다.
산사의 고요는 특별한 무엇이 아니다.
그것은 우리가 본래 가지고 있었으나, 잃어버린 감각의 회복이다.
그 길 위에서, 산사는 조용히 기다리고 있다.

제2장. 내가 나를 모를 때

부처님은 제자들에게 자주 이렇게 물으셨다.
"모든 것이 변해도, 변하지 않는 것은 무엇인가?"
이 질문은 단순한 수수께끼가 아니었다.'
삶을 통째로 흔드는 물음이었다.
당신이라 부르는 '나'는 어디까지 나인가?
몸이 나일까? 생각이 나일까?
감정이 요동치면 나는 그 감정에 휘둘려버리는가?

한번 깊이 생각해보자.
우리는 스스로를 '나'라고 부르며 살아간다.
하지만 그 '나'는 자주 변한다.
기분과 상황에 따라 흔들리며,
누군가의 말 한마디에 무너지지만,
또, 경우에 따라서는 우쭐해지기도 한다.
그렇다면, 그때그때 달라지는 나는 과연 진짜 나일까?

부처님은 이를 무아(無我)라고 하셨다.
모든 존재는 '고정된 자아' 없이, 조건에 따라 생기고 사라질 뿐이라고.
우리는 늘 '진짜 나'를 찾으려 애쓴다.
취미로, 직업으로, 관계로, SNS의 셀피로 '나'를 증명하고 싶은 마음.

그 마음 안엔 불안이 숨어있다.
"혹시 내가 비어 있는 존재는 아닐까?"
"아무것도 아닌 존재로 사라질까 두렵다."

하지만 부처님은 그 불안을 정면으로 바라보라고 하신다.
자신을 붙잡으려 하지 말고,
오히려 그 붙잡고자 하는 마음 자체를 들여다보라고.

지금 여기에 잠시 멈추어, 다음 질문들을 천천히 곱씹어보자.
- 지금 내 마음은 어디에 머물고 있는가?
- 내가 나라고 생각하는 그 느낌은, 고정된 것인가?
- 감정이 바뀔 때마다 '나'도 함께 바뀐다면,
  나는 정말 존재한다고 말할 수 있을까?
- 나라는 존재는 어디까지 진짜이고, 어디까지 만들어진 것인가?

사실 우리가 붙들고 있는 나라는 것은 언제나 타인과 비교한 모습,
기억 속에서 만들어진 인상,
앞으로 되고 싶은 이미지의 조각들로 이루어져 있다.
부처님은 그런 우리의 어리석음을 연민 어린 눈으로 바라보셨다.
그리고는 조용히 말씀하셨다
"그대여, 그대는 흐르는 강물과도 같다.
한순간도 같지 않으며, 붙잡을 수 없는 존재이다.
그러니 집착하지 말고, 다만 그 흐름을 자각하라."
자신을 알아간다는 것은 어떤 고정된 답을 찾는 일이 아니다.
오히려 답을 내려놓는 연습이다.
나는 누구인가?
그 질문에 확신으로 답하려 하지 말고,
질문의 여백을 느껴보자.
그 여백 속에서 우리는 모든 것이 변해도 여전히 깨어있는 자리를
비로소 희미하게나마 마주하게 될 것이다.

제3장 고통의 성찰

우리는 모두 괜찮은 척 살아간다.
괜찮지 않아도 괜찮다고 말해야만 하는 일상 속에서,
몸과 마음은 점점 무거워지고,
"대체 나는 왜 이렇게 힘든 걸까?"
라는 질문이 마음 한구석에서 잦은 알람처럼 울린다.

MZ 세대의 삶은 선택의 자유가 늘어난 만큼 불안도 커졌고,
연결이 쉬워진 만큼 관계는 더 피로해졌다.

무언가를 이뤄야만 인정받는 사회 속에서 늘 비교당하고,
불확실한 내일 앞에 마음은 지치고, 자존감은 흔들린다.

그러나 부처님은 이미 오래전, 이런 삶의 근본 구조를 꿰뚫고 말씀하셨다.
　　　　"인생재고(人生在苦)" --- 삶이란 곧 고(苦)이다.『법구경』

부처님은 모든 존재가 겪는 고통의 실체를 피하지 말고,
정면으로 바라보라고 하셨다.
고통은 우리가 잘못되었기 때문이 아니라,
삶 자체에 고통의 성질이 내재해 있기 때문이다.

그 고통을 제대로 '성찰'하지 않으면,
우리는 끊임없이 외부에서 원인을 찾고, 상처와 회피를 반복하게 된다.
고통을 바라보는 눈이 열릴 때, 비로소 삶을 바꾸는 길이 열린다.

"무엇이 지금 나를 아프게 하는가?"
"그 아픔은 어디에서 오는가?
"나는 그 고통 속에서 무엇을 배우고 있는가?"

이런 질문들을 던지며 고통을 마주할 때,
우리는 더 이상 피해자가 아니라 성찰하고 성장하는 존재가 된다.
불교에서는 이를 지관(止觀). 즉, 멈추고 바라보는 수행이라 한다.
마음이 요동칠 때, 그 감정을 억누르거나 피하려 들지 말고
한 걸음 물러서서,
감정에 이름을 붙이고, 그 감정의 근원을 바라보는 것이다.

예를 들면, 직장에서의 불안, 관계의 외로움, 미래에 대한 막막함이 몰려올 때,
그것을 단순히 부정적인 감정으로 몰아세우지 말고
이 감정이 '나를 어떻게 지키려 하는가'를 살핀다.
그 순간, 고통은 적이 아니라 나를 일깨우는 내면의 스승이 된다.

"여래는 병을 말하고, 병의 원인을 말하고, 병의 소멸과 소멸에 이르는
길도 말하였다." 『잡아함경』

현대의 고통도 마찬가지다.
불확실한 관계, 불안한 미래, 실패에 대한 두려움과 자기 혐오조차
모든 '성찰'을 통해 치유와 자유에로 이르는 통로가 될 수 있다
성찰 없는 회피는 고통을 반복시키지만,
깊이 들여다보는 것은 고통을 변형시켜 지혜로 만든다.

부처님 말씀을 통해 분노 앞에서 멈추는 법을 깨우친 사례를 보자.
산사에 첫눈이 내리던 어느 날,
한 청년이 울분에 찬 얼굴로 대웅전 앞을 서성였다.
청년은 동료의 모함을 받고 억울한 해고를 당했던 상황이었다.
그 분노를 도저히 견디지 못하고 씩씩거리며 산사까지 올라온 것이다.

산사의 스님은 조용히 불러 앉혔다.
"어떤 얘기인지 들려주시겠습니까?"
청년은 회사에서 자신을 험담한 동료 이야기를 풀어내며,
차마 하지 못할 말들과 함께 억눌린 감정을 토해 냈다
스님은 가만히 듣고 있다가 작은 미소를 지으며 말했다.
"2600여년 전의 부처님께서도 어떤 상대로부터
끊임없이 험한 말을 쏟아내는 비방을 들으신 적이 있었습니다."
그때 부처님은 단 한마디도 응대하지 않으셨습니다.
제자들이 이유를 묻자 이렇게 말씀하셨습니다.
"남이 준 선물을 받지 않으면 그것은 누구의 것이냐?"
청년은 조용히 고개를 들어 스님을 쳐다보았다.
"비방을 받아들이지 않으면 그 말은 단지 비방하는 자의 말일 뿐이요
마찬가지로 분노 역시 받아들이지 않으면 스스로 사라집니다."
한참을 침묵하던 청년은 눈을 감았다.
하얀 눈이 그의 어깨 위에 조용히 내려앉았다.

받지 않으면 돌아가고, 담지 않으면 사라진다.
분노도 바람도, 멈추면 지나가는 법이다

오늘의 실천
- 누군가의 말에 즉각 반응하지 말고, 마음속에서 한 걸음 물러나 보기.
- 오늘 하루, 듣고 흘리는 연습을 해보자.

마음 훈련: 고통을 바라보는 짧은 성찰 명상

1. 눈을 감고, 편안한 자세로 앉는다.
2. 최근 느낀 고통스러운 감정을 하나 떠올린다.
3. 그 감정에 이름을 붙인다.
    예: 나는 외로움을 느끼고 있다.
4. 그 감정이 몸 어디에 어떻게 느껴지는지를 살핀다.
5. 감정을 바꾸려 하지 않고, 그냥 그대로 두고 바라본다.

6. 조용히 스스로에게 말한다.
 "이 고통 속에도 나의 진심이 있구나."
7. 마무리할 때, 한번 깊이 숨을 들이쉬고 천천히 내쉰다

고통을 정면으로 마주하고 그 안에서 나를 알아가는 길은 쉽지 않지만,
그 길 위에서 우리는 진정한 자립과 평화를 배운다.
그리하여 산사를 향하는 이 길은,
고통을 부정하거나 덮는 길이 아니라,
그 고통을 껴안고 걸어가는 진실한 나와의 동행이 된다.
그 길 위에서 당신은 분명 더 단단하고 부드러운 존재가 되어 있을 것이다.

제4장. 깨어있는 삶을 향하여

1. 팔정도의 길을 따르라

부처님은 괴로움의 원인을 밝히신 뒤,
그 괴로움에서 벗어나는 길을 이렇게 정리하셨다.
"이것이 중도(中道)이다. 팔정도의 길을 따르라."

팔정도. 즉, 깨달음과 열반으로 이르는 여덟 가지의 길.
하지만 그 길은 도표 속의 좌표가 아니다.
팔정도는 살아있는 방향이다.

지금 여기, 우리의 삶이 조금이라도 덜 흔들리고,
조금이라도 더 자유로워지는 길.
그 첫걸음은 '깨어 있는 눈'으로 바라보는 것에서 시작된다..

2. 삶을 바라보는 방식, 곧 삶이다.

우리는 늘 고정된 관점으로 세상을 본다.
그 관점은 대체로 자동적이고 습관적이다.
스마트폰을 켤 때처럼, 의심 없이 익숙하게 반복된다.
하지만 부처님은 이렇게 말씀하셨다.
"참된 모습을 올바르게 보는 정견(正見), 이것이 곧 해탈의 문이다."
여기서 말하는 정견(正見),
즉, 바르게 보는 눈이란 사물을 있는 그대로 바라보는 힘이다.
좋다거나 싫다는 판단 이전에, 내가 지금 무엇을 보고 있는가를 자각하는 것.

그 자각 속에서 삶은 더 이상 자동으로 흘러가지 않는다.
그때가 되어서야 비로소 우리는 삶을 선택할 수 있는 존재가 된다.

3. 하루의 작은 깨어남

아침에 눈을 떴을 때,
"또 하루가 시작됐구나"라고 생각하지 말고 이렇게 자문해보자.
"오늘 나는 무엇에 끌려다닐 것인가,
그리고 어디에 머무를 것인가?"
이 질문 하나로 하루는 바뀐다.

우리는 무언가에 이끌리듯 반응하며 살지만,
사실 그 안에는 선택하지 않은 삶에 대한 무의식적인 체념이 있다.
부처님은 그 체념의 잠에서 우리를 흔들어 깨우셨다.
"눈을 떠라. 그대의 마음을 다스리는 자는, 오직 그대 자신이다."

4. 지금 이 순간, 어떻게 살고 있는가?

MZ 세대에게 의미 있는 삶은 단지 성공이나 명예만으로 정의되지 않는다.
중요한 것은 '나답게 살고 있는가?'라는 물음이다.
그렇다면 부처님의 팔정도는 과거의 고행자뿐만 아니라,
오늘의 나에게도 이렇게 속삭인다.

지금 당신은 무엇을 바라보고 있는가? (정견)
그 바라봄은 분별인가, 자각인가?
당신의 말은 누군가를 살리고 있는가? (정어)
당신의 일상은 의도와 연결되어 있는가? (정명)
당신은 지금, 깨어 있는가? (정념)

이 물음은 정답을 요구하지 않는다.
다만 나를 지금 이 자리로 데려다주는 등불일 뿐이다.

5. 사색을 위한 심화 구절

나는 자동적으로 살아간다.
하지만 삶은, 선택으로 가득찬 가능성이다.

내가 지금 무엇을 보고 있는가?
그 바라봄이 내 운명을 만든다.
괴로움을 멈추는 길은 괴로움의 반대편이 아니라,
괴로움을 알아차리는 그 '한가운데'에 있다.
세상이 나를 흔들어도, 내가 나를 바라보는 눈은 흔들리지 않도록 하자.
삶은 연습이다.
더 깊이 깨어있기 위한,
더 깊이 사랑하기 위한,
더 진실 해지기 위한 연습!
오늘의 발걸음을 한발 한발 내딛어보자.
깨어있는 삶은, 거창하지 않다.
그것은 단지, 멈추어 생각하는 용기로부터 시작된다.
스쳐 지나가는 감정 앞에서,
흔들리는 선택 앞에서, 잠시 멈추고 물어보자.
"나는 지금, 어떻게 살고 있는가?"
그 물음이 반복될수록, 당신의 삶은 더 깊고 단단해진다.
부처님의 길은 멀리 있는 전설이 아니다.
그 길은 오늘 당신의 하루 안에 있다.
숨처럼, 발걸음처럼, 아주 작지만 분명한 한 걸음 속에………

제5장. 관계 속의 나, 그리고 자비의 길

1. 연기 관계로 이루어진 나

우리가 '나'라고 부르는 존재는 사실 혼자 고립된 점이 아니라,
무수한 인연과 관계가 얽히고설킨 거대한 그물망 속의 한 부분이다.
부처님은 '이'를 '연기(緣起)'라고 말씀하셨다.

모든 존재는 서로 의지하여 일어나고,
서로가 서로를 조건 지어 만들어진다는 진리의 말씀이다.

우리가 흔히 생각하는 '나'는 사실 독립적이고 자립적 개인처럼 보이지만,
사실은 부모와 가족, 친구, 사회, 지연뿐 아니라
이 세상에 있는 모든 존재들과 끊임없이 얽히고 연결되어 있다.
내 몸의 세포 하나 하나도 수많은 환경 조건에 의해 존재하고,
내 마음의 감정 하나도 수많은 환경 조건에 의해 존재하고,
내 마음의 감정조차도 수많은 관계와 기억 속에서 일어난다.

예를 들어, 당신이 오늘 기분 좋게 웃은 것은
아침에 받은 한마디 칭찬, 지나가던 길의 따스한 햇살,
어젯밤에 좋은 꿈을 꾼 기억,
혹은 어린 시절의 친구와의 추억 때문일 수도 있다.

이런 모든 여건이 모여 지금 이 순간의 '나'를 만든다.
나는 고립된 섬이 아니라, 관계와 인연으로 지어진 끊임없는 흐름이다.

2. 연기의 깨달음과 자유

연기의 진리를 깊이 깨달으면,
우리는 자신이 혼자가 아니라는 사실에서 위안을 얻는다.
때로는 무거운 짐을 홀로 지고 있다고 느끼게 되어도,
그 짐은 수많은 손길과 마음에 의지해 서로 돕고 받쳐주며 나아가는
우리 공동체의 짐이라는 것을 알게 된다.

또한 '나'라는 경계가 상대성임을 알기에 고정된 자아에 집착하지 않고,
삶의 여러 문제에 대해 한결 유연한 태도를 취할 수 있다.
'내가 이렇게 행동하는 이유는 조건 때문이고,
상대도 저런 조건에 의해 움직인다'
라는 관점은 관계에서의 갈등과 오해를 줄이는 실마리가 된다.

3. 자비, 관계 속에서 피어나는 꽃

부처님이 연기의 진리를 설파하신 이유는, 우리는 모두 연결되어 있기에
서로의 고통을 외면하지 말고 함께 아파하라는 메시지였다.
자비(慈悲)란 우리가 연결된 존재임을 깨닫고,
그 속에서 타인의 고통을 자신의 고통처럼 느끼며,
그 고통을 덜어내기 위해 마음과 행동을 기울이는 것이다.
현대 사회는 개인주의가 만연하여,
많은 사람들이 '나만의 문제'를 홀로 짊어지며 나아가고 있다.
SNS와 디지털 미디어는 수많은 관계를 연결하지만,
실제로 서로가 대면하고, 서로 감정을 교류하는 공감은 줄어든다.
이럴 때일수록 자비의 마음은 절실하다.

예를 들어, 회사에서 힘든 동료가 있다면, 그가 이유 없이 짜증을 낼 때,
자신의 일이나 주변의 일에 소홀히 행동할 때,
'저 사람은 왜 저럴까?'라며 무시하거나 비난하기보다,
'아마도 지금 힘든 상황인 모양이다. 좀 더 배려해야겠다'라고 생각하는 것.

이 작은 마음의 전환이 자비의 시작이다.
또는 가족, 친구, 연인 사이에서 갈등이 있을 때,
상대방의 입장에 서서 그 사람도 나처럼 불안하고 두려워한다는 것을
내가 이해하려고 노력하는 것.
이것이야말로 깊은 자비심을 실천하는 길이다.

구체적 사례를 들어보고자 한다.
- **출근길에 마주친 낯선 사람**
  길을 걷다가 누군가 실수로 당신과 부딪혔을 때,
  즉시 화를 내기보다, '아마도 오늘 하루가 힘든가 보다'라고 인식해보자.
  이 작은 인식 하나가 당신과 상대방 모두의 마음을 누그러뜨릴 수 있다.

- **온라인 커뮤니티에서 불편한 댓글**
  부정적인 댓글에 감정적으로 반응하지 말고,
  그 댓글 뒤에 있는 사람의 불안과 고통을 상상해 본다.
  그렇게 하면 화가 덜 나고, 더 객관적인 태도를 유지할 수 있다.

- **가족과의 갈등 상황**
  상대방의 말이나 행동에 상처받았을 때,
  한 걸음 물러나서 '이 사람도 나처럼 불완전한 존재이며,
  어떤 상처나 어려움이 있을 것이다'라고 생각하며 대화에 임해보자.

다음은 자비 명상법을 통해 마음의 수행을 하는 방법을 알아본다
자비 명상은 마음속에 자비심을 키우고,
자신이나 타인에게 따뜻함을 보내는 수행이다.
- **편안한 자세로 앉기**
  눈을 감고, 몸과 마음을 편안하게 한다.
- **자신에게 자비를 보내기**
  먼저 자신에게 이렇게 말하듯 마음을 집중한다.
  "나도 행복하길 바랍니다.
  나도 평안하길 바랍니다.
  나도 고통에서 벗어나길 바랍니다."

- 사랑하는 사람에게 자비 보내기

가까운 사람을 떠올리며,
"그가 행복하길 바랍니다.
그가 평안하길 바랍니다.
그가 고통에서 벗어나길 바랍니다.'라고 마음속으로 반복한다.
이렇게 자비의 에너지를 대상을 확대하고,
가까운 사람, 중립적인 대상에게 적용하여 자비 에너지를 확장시켜 본다.
이 명상은 처음엔 어렵게 느껴질 수 있지만,
꾸준히 하면 타인을 향한 연민과 나아가 자신에 대한 사랑도 깊어진다.

부처님이 가르친 '연기'와 '자비'는
우리 현대인의 삶에 가장 절실한 가르침이다.
고립된 개인으로 살기보다,
연결된 존재임을 깨닫고,
따듯한 자비심으로 서로를 감싸 안을 때,
비로소 우리는 나와 너를 넘어선
더 큰 평화와 자유에 닿을 수 있다.
이 길은 멀고도 험할 수 있지만,
작은 관계에서부터 시작하는 자비의 실천은
우리 모두를 항상 깨어있고 깊이 있는 인간이 되게 한다.

제6장 마음 챙김과 깨달음 이후의 삶:

1. MZ 세대와 직장인을 위한 이야기

현대를 살아가는 우리는 늘 바쁘고 분주하다.
끝없이 쌓이는 업무 메일, 끊임없이 울리는 스마트폰 알림,
그리고 언제나 마음 한편에 자리한 불안과 스트레스까지.

이 모든 것이 마치 무거운 짐처럼 우리의 어깨를 누른다
하지만 그 와중에도, 부처님은 먼 옛날부터 한 가지를 일러주셨다.
"지금, 여기 이 순간에 깨어 있으라."

이 말은 단순히 명상하는 시간에만 적용되는 것이 아니다.
출근길에 버스 안에서
팀 미팅 중에,
점심을 먹으며 동료와 대화를 나누는 그 상황에도
'지금 이 순간 내가 느끼고 생각하는 것을 있는 그대로 알아차리라'는
세존의 심오한 가르침이다.

예를 들어, 당신이 사무실 책상에 앉아 이메일을 확인할 때,
수많은 할 일과 다음 회의 일정이 머릿속을 스칠 것이다
그 순간, 내 마음이 어떤 상태인지 잠시 알아차리는 것.
'나는 지금 긴장되어 있구나, 혹은 피곤하구나' 라고
스스로에게 조용히 말해 주는 것이다.
이 작은 듯이 보이는 '멈춤'과 '알아차림'이 쌓이면,
마음은 조금씩 안정되고 스트레스가 줄어들어 큰 평안을 얻는다.

마음 챙김은 결코 어렵거나 거창한 게 아니다.
그저 바쁜 일상 속에서 내가 내 마음을 한번 더 챙기는 작은 습관이다.
동시에 마음 챙김은 스마트폰 앱, 온라인 강의, 짧은 명상 세션 같은
현대적인 도구들과 함께 우리 생활에 쉽게 녹아들 수 있다.

출근길 지하철에서 이어폰을 꽂고 집중하는 대신,
발걸음과 주변 풍경, 내 호흡에 집중해보자.
그렇게 하면 머릿속 잡생각들이 잠시 멈추고,
오히려 일상에서 활기찬 에너지를 충만히 할 수 있다.

하루가 끝난 후,
잠시 시간을 내 감사한 일을 떠올리며 짧은 감사의 일기를 쓰는 것도 좋다.
"오늘 동료가 내 업무를 도와줘서 고맙다."
"집에 돌아와 따뜻한 밥을 먹을 수 있어 행복하다."
이런 사소한 기록들이 마음의 긍정적 에너지를 키우고,
내일을 조금 더 가볍고 힘차게 시작하게 만든다.
 하지만 마음 챙김과 명상이 단지 '마음 편히 가지기'에 그친다면,
그것은 부처님이 설파한 깨달음의 깊은 의미에 미치지 못한다.

깨달음 이후의 삶은,
삶의 고통과 불확실함 앞에서 도망치지 않고,
그 불편한 감정들과 마주하며,
그 가운데 나 자신과 세상에 대한 자비와 사랑을 잃지 않는 과정이다.

예를 들어, 업무에서 큰 실패를 경험했을 때,
분노'와 좌절을 억누르려 하지 말고,
'나는 지금 아프구나, 힘이 드는구나'라고 솔직하게 인정하는 것.
그리고 그 마음을 있는 그대로 바라보는 것.
이 과정 속에서 우리는 고통에 휘둘리지 않고,
한걸음 물러서서 자신과 상황을 객관적으로 볼 힘을 얻는다.

깨달음은 특별한 순간에만 오는 것이 아니라,
작은 순간들이 모여 삶 전체가 조금씩 변해가는 연속선 상에 있다.

매일 스스로에게 이렇게 물어보자.
"오늘 나는 어떤 마음으로 하루를 시작하는가?"
"지금 내 안에는 어떤 감정이 일어나고 있으며,
그 감정을 통해 나는 무엇을 배울 수 있을까?"
"오늘 나는 어떤 사람들과 만나며,
그 만남 속에서 어떤 관계를 형성하고
그 속에서 어떤 깨달음을 얻을 수 있을 것인가?"
"나는 타인과 더불어 가면서 어떤 자비를 세상에 보낼 수 있을까?"
그리고 무엇보다도
"나는 내 삶의 주인으로서 어떤 선택을 할 수 있을 것인가?"
이 질문들은, 마치 우리 각자의 마음속에 켜놓은 작은 등불과도 같다.
복잡하고 빠르게 변해가는 세상 속에서도
내가 나를 잃지 않고,
조용히 중심을 잡을 수 있도록 도와주는 중요한 요체가 된다.

마음 챙김과 깨우침을 위해 실제 생활에서 적용하는 방법
- 아침 혹은 저녁 5분을 정해 조용한 곳에 앉는다.
- 눈을 감고 깊고 느린 호흡에 집중한다.
- 위 질문들을 천천히 마음속으로 떠올리며 스스로에게 답해 본다.
- 생각이 흩어져도 괜찮다. 다시 질문에 집중하며 천천히 이어간다.
- 성찰이 끝나면, 다시 숨결에 집중하며 지금 이 순간에 머문다.

이 루틴은 꾸준히 반복할수록 자신의 내면과 연결되는 힘이 커지고,
삶의 흔들림 속에서도 흔들리지 않는 중심을 만들어준다.
마음 챙김과 깨달음 이후의 삶은 특별히 무언가가 아니라,
바로 지금 내가 서 있는 이 자리에서,
작지만 분명한 변화를 만들어가는 과정이다.
그 변화는 결국 나와 내 주변 모두에게 더 깊은 평화와 자유,
그리고 따뜻한 연대를 선물할 것이다.

제7장 나는 어디서 와서 어디로 가는가?
－삶과 죽음, 그리고 그 너머를 찾는 마음

1. 언제인가 나도 사라질 것이다.

우리는 잘 살고 싶은 마음으로 오늘도 바쁘게 움직인다.
하지만 문득 거울을 보거나, 누군가의 부고를 들을 때
이 삶이 유한하다는 사실이 마음속에 스친다.
나는 어디서 와서, 어디로 가는가?'

이 같은 단순하면서도 근본적인 질문은
사람이라면 때로는 누구나 피할 수 없이 마주하게 된다.
그리고 불교는 바로 이 물음에서 출발한다.

세상은 무엇으로 이루어졌는가?
나는 누구인가?
죽으면 어디로 가는가?
그 물음에 대한 석가세존의 가르침은 항상 변함없이 그 자리에 있다.

2. 이승, 우리가 살아가는 세상

불교에서는 지금 우리가 존재하고 있는 이 세상,
즉 사람으로 태어나 살아가는 세상을 인간계 혹은 인연의 세계라고 한다.
이승(此乘)은 단순히 하나의 생이 아니라,
수도 없이 많은 원인과 필연(必緣)이 모여 만들어진 결과이다.
잡아함경 제279경에서도 설하듯이

"이것이 있으므로 저것이 있고, 이것이 없으면 저것도 없다."
지금 우리가 이 세상에서 누리는 삶은 우연히 이루어진 것이 아니라
수많은 인연(因緣)과 업(業)의 결과로 이루어진 것이다.
불교에서 말하는 업(業)이란, 우리가 행한 말과 생각과 행동이
존재의 미래를 이끄는 씨앗이라는 뜻을 의미한다.
그래서 부처님은
"그대의 미래는 지금 이 순간의 마음 먹기에 달려 있다."라고 하셨다.

3. 저승, 이후의 흐름

죽음은 끝이 아니다.
그래서 불교에서는 죽음은 단절을 의미하는 것이 아니라
단지 이름만이 바뀐 변화라고 보고 있다.

우리는 그 변화의 다음 단계,
다시 말해 죽은 이후의 세계를 저승이라 부르는데,
불가에서는 이를 중유(中有)라고 부르기도 한다.
중세기 대승불교인 유식불교의 불경인 아비달마구사론에 따르면,
사람이 죽으면 곧바로 다음 생으로 이어지는 것이 아니라,
중유라는 잠시 머무는 의식의 상태가 지속이 되고,
이 상태에서 자신이 지은 업에 따라 다음 삶이 결정된다고 한다.

선한 업은 더 좋은 삶으로, 악한 업은 고통의 세계로 이끈다고 하여,
불가에서는 인간이 죽은 이후, 생전의 살아온 행보에 따라 '육도윤회'
(천상, 인간, 아수라, 축생, 아귀, 지옥의 여섯 세계)에서 다시 태어난다고 본다.
우리가 죽은 뒤 여섯 세계 어디엔가 다시 태어나게 되는 것은
운명에 의해 결정되는 것이 아니라,
우리가 인간 세상에서 사는 동안 행한
행위에 대한 업보라는 상징을 경고함이다.
대부분 불교의 교리를 총망라한 증일아함경에서도
"모든 존재는 자기의 업을 상속한다."라고 설하였다.

4. 죽음은 끝이 아니다, 다시 이승으로

불교에서는 삶과 죽음은 원형처럼 이어진 순환이라고 본다.
죽음은 다음 생으로 이어지는 관문의 하나일 뿐이다.
그 문을 통과하여 또 다른 이승으로 돌아오게 되는데,
이것을 '윤회(輪廻)'라고 한다.

하지만 이 순환은 반드시 계속되어야 하는 것은 아니며,
다름 아닌 부처님께서 '윤회의 끈'을 끊는 방법을 가르치셨다.
그것이 바로 '해탈'이다.

법구경에서 설하는 말씀
"태어남이 다하였고, 청청한 삶이 완성되었으며,
할 일을 모두 마쳤으니, 다시 태어남이 없으리라."

이것이 열반이며, 죽음의 완전한 자유이다.
더 이상 어디로 갈 걱정도, 어디서 왔는지 의문을 갖지도 않는 상태.
고요하고 평등하며 두려움이 없는 마음의 자리이다.

5. 왜 이 질문이 지금 필요한가?

MZ 세대는 이전 세대보다 더 복잡한 질문을 안고 살아간다.
'어떤 삶을 살아야 하나?'
'지금 이 선택이 맞는 걸까?'
'죽음은 두려운 것일까?
'내 존재는 우주 속에서 어떤 의미를 지닐까?'
이 질문은 단지 죽음에 대한 두려움 때문이 아니라,
삶의 진실한 가치를 찾고자 하는 과정에서 나오는 의문이다.
불교는 "내가 지금 이 순간을 어떻게 살아가느냐?로
내가 앞으로 어디로 가게 되는지를 결정한다"라고 설한다.
이 질문을 던지고 있는 우리는 이미 깨달음의 문턱에 있는 것이다.

6. 묻고 또 묻는 길 위에서

산사로 가는 길,
우리는 삶과 죽음의 경계를 따라 걷고 있다.
우리는 때로는 불안 속에서 헤매기도 하고,
때로는 허무를 느끼며 삶에 회의를 지니기도 하고,
때로는 감격스럽게 대상을 접하기도 하고
때로는 좌절하다가도 어느결에 성취감을 느끼기도 하는 등.
이런저런 여러 감정들의 혼재로서
단지 '나'라는 존재의 본연의 모습을 찾는 실마리를 찾아간다.

나는 어디서 와서 어디로 가는가?
이 질문은 더 이상 철학적 추상에서 답을 구하려 함 때문도 아니며,
죽음을 두려워하는 마음 때문은 더더욱 아니고,
오직 지금을 제대로 살고 싶은 간절한 마음에서 발현되는 것이다.
이같이 간절한 마음이 있는 한, 우리는 길을 잃지 않을 수 있다.
이승도, 저승도, 그 이후도 모두 우리의 지금 선택에 따라 흐르는 것이다.

대승 사상을 설파한 대승불교의 초기 경전인 유마경에서도
"삶과 죽음의 근원은 마음에 있다. 마음이 청정하면 세계도 청정하다."
라고 하여 마음이 모든 행위의 근본임을 설파하고 있다.
이 장에서는 '나는 어디로 와서, 어디로 가는가?'라는 근원적 질문을 통해
삶과 죽음, 윤회와 해탈에 대해 살펴보았다.
'나는 어디로 와서, 어디로 가는가?'라는 추상적 질문은 결국
'나는 지금을 어떻게 살아야 할 것인가?'는 실천의 물음으로 이어진다.

이 장에서 던진 추상적 질문과 실천적 행위의 물음을 정리하면
불교는 지금 이 순간의 마음을 돌보는 것이
곧, 가장 깊이 있게 구도의 길로 들어서는 출발이라는 것을 암시한다
당신은 어디서 와서, 어디로 가고 있습니까?
그 물음과 함께 걷는 이 길이, 바로 '산사로 가는 길'입니다.

제2부. 산사에서 만난 부처님 이야기

8장. 앙굴리말라-
"나는 멈췄다, 너는 왜 멈추지 않느냐"

"이렇게 살아도 되는 걸까?"
많은 이들이 속으로 이 질문을 반복한다.
이직을 준비하면서,
관계에 지치면서,
아무도 없는 밤 침대에 누워 있을 때.
우리는 눈에 보이지 않는 속도를 따라 달리느라 지쳐있다.
그럼 에도 불안하다.
'여기서 멈추면 끝나는 것이 아닐까?'라는 두려움 때문이다.

이에 대한 해답을 함께 공유하고자
앙굴리말라에 대한 불교 경전의 일화를 소개한다.

앙굴리말라는 꼬살라국의 법정 직원이었던 아버지 바가와의 아들로서
명석하고 똑똑한 청년이었다.
그러나 그를 오해한 스승이 그에게 불만을 품고 그를 악업으로 빠뜨리려고
내린 거짓 가르침,
자세히 말하자면, '사람 100명을 죽여 그들의 손가락 100개를 가지고
목걸이를 만들면 도를 얻을 수 있다'는 말에 속아
99명을 살해한 잔혹한 살인자였다.
99명을 죽이고 마지막 1명을 채우지 못하자,
자신의 어머니까지 죽이려는 패륜을 시도하는 것을
신통력으로 알게 된 부처님께서 앙굴리말라를 계도하려고
황급히 앙굴리말라를 찾아갔다.

이때 100번째 희생양이 나타났다고 여긴 앙굴리말라는
부처님을 죽이려고 그 뒤를 쫓아갔으나, 아무리 빨리 뛰어도
부처님을 따라잡을 수가 없었다.
화가 머리끝까지 치밀어 오른 앙굴리말라는
"수행을 빙자하여 남을 속이는 겁쟁이 싯다르타여! 거기 멈추어라!"
라고 외친다. 이에 부처님께서 대답한다.
"내가 멈추었는지 그리고, 동시에 모든 생명에게 자제가 없는
그대가 과연 멈추었는지 자신을 돌아보라.
나는 이미 멈추었다. 그러나 그대는 왜 멈추지 않느냐?"
그 순간, 한소식을 얻은 앙굴리말라는 칼을 내려놓고 그 자리에서 출가하여
부처님의 제자로 수행에 정진함으로써 자신이 생전에 살인한 업보에 대해
목숨으로 받아들이는 깨우침을 얻고 수행하여 열반에 든다.

교리 해설
부처님이 말한 '멈춤'은 단순한 행동의 중지가 아니다.
그것은 마음의 전환이다.
고통의 원인은 탐욕과 무지에서 비롯되며, 이를 멈추는 것이 정정진이고,
그 멈춘 자리에 깨어 있음으로 머무는 것이 정념이다.
모든 것은 무상하므로, 멈추지 않으면 고통은 계속된다.

실천 제안
우리의 삶도 어쩌면 '달리기'에 중독되어 있는지도 모른다.
멈추지 않으면 내가 사라질 것 같은 불안.
그러나 진짜 나를 만나는 시간은 언제나 멈춘 그 순간에 찾아온다,
하루 5분, 모든 것을 내려놓고 고요히 앉아보자.
스마트폰을 끄고, 눈을 감고, 단지 숨을 쉰다.
'나는 지금 어디로 달리고 있는가?' 스스로에게 물어본다.
내 마음의 방향을 관찰한다.
그리고 잠시 멈춰본다.

제9장. 수닷타 장자-
"기쁨은 나눌 때 자란다."

MZ 세대는 자율과 독립을 추구한다.
그러나 동시에 깊은 관계에 대한 갈망도 있다.
타인과의 연결은 필수지만, 소모되는 관계는 피하고 싶다.
우리는 어떻게 의미 있는 관계를 맺을 수 있을까?

**이에 대한 답을 보여주는 수닷타 장자의 일화가 나오는
경전의 내용을 공유하고자 한다**

수닷타는 자신의 이익을 위해 움직이는 장자, 즉 부유한 거상이었다.
어느 날, 자신의 동료 상인인 처남의 집을 방문하게 되는데,
평상시와 달리 처남의 집에서는 아무도 그를 마중하지 않고
분주히 움직이는 것을 보고 의아해하며 원인을 알아보니,
누군가 처남을 만나러 온다는 것이었다.
그런데 그 사람은 특별한 다른 권력을 지닌 왕이나 귀족도 아니고
부귀영화를 지닌 사람도 아니며
오로지 남에게 걸식하여 명맥을 잊는 탁발승이라는데 놀란다.
하지만, 그 탁발승이 깨달은 사람이라는 말에 세존을 접견하게 되고,
그를 통해 큰 가르침을 얻게 되어 자신이 지닌 막대한 부(富)도
값진 깨달음에는 견줄 수 없다는 것을 깨닫는다.
자신의 이익이 생겨야만 움직이던 수닷타 장자는
더 큰 이익을 위해 움직이는 것은 돈도 명예를 위해서도 아니고
값진 공덕과 가르침이라는 것을 깨닫고
진리의 가르침을 전할 수 있는 터전을 세존께 제공하기로 한다.

결국 부처님의 가르침을 듣고 큰 감동을 받은 수닷타는
기꺼이 자신의 전 재산을 털어 지은 기원정사라는 사찰을 보시한다.
수닷타는 불교 역사상 최초의 보시자로 기록되는데 그는 말한다.
"가장 큰 기쁨은 주는 데 있다."라고.

교리 해설
불교에서 보시(布施)는 재물보다 마음의 나눔이다."
'사섭법'에서는 친절한 말 한마디, 유익한 가르침,
이타적 행위까지도 보시로 본다.
연기의 관점에서는 모든 존재는 관계망 속에서 존재하며,
남에게 주는 행위는 나와 너를 함께 성장시킨다.

실천 제안
자신의 시간, 관심, 말 한마디를 나누는 것만으로도 삶은 달라진다.
관계는 채우는 것이 아니라, 나누는 것으로 깊어진다.

오늘의 실천
- 누군가에게 따뜻한 한마디를 건네본다.
- 도움이 필요한 사람에게 작은 행동을 실천해본다.
- 내가 누군가에게 받은 것을 하루 동안 한번은 떠올려본다

제10장. 담마디나 비구니-
"진리는 누구에게나 열려있다"

"나는 자격이 있을까?"라는 질문은 시대를 초월한다.
성별, 배경, 능력이라는 잣대는 여전히 우리를 가둔다.
깨달음이나 내면의 성장은 정말 누구에게나 열려있는 길일까?

"진리는 누구에게나 열려있다"라는 사실을 보여주는
담마디나 비구니에 얽힌 경전의 일화를 소개하면

담마디나 비구니는 재가 여성 수행자였다.
그녀는 남부러울 것이 없는 재산을 지녔는데,
그에 더하여 자상하고 너그러운 남편, 그리고 가족과 함께 살고 있었다.
매일 저녁 부처님의 법문을 들으러 죽림정사에 드나들던 남편 위사카가
어느 날 갑자기 위엄을 부리며 자신에게 차갑게 대하자,
담마디나는 자신이 무슨 잘못을 저질러서 위사카의 태도가 돌변하였는지
원인을 물었고, 이에 남편 위사카는 담마디나가 잘못을 저질러서가 아니고,
단지 위사카 자신이 고명한 지혜를 얻었기 때문이라는 답변을 얻게 된다.
이 말을 들은 담마디나는 곧바로 남편 위사카에게 질문하기를
"부군이시여, 당신은 높고 깊은 지혜를 얻었기 때문이라고 하는데,
높고 깊은 지혜를 얻는 법은 남자에게만 허락된 것입니까?"
이에 위사카가 "붓다의 법은 누구에게나 열려있다."라고 말한다.
며칠 후, 담마디나는 주변을 정리하고 비구니가 되어 비구니 승가에 들어가서,
소승불교의 수행자 중에서 가장 높은 경지인 아라한에 오른다.
담마디나는 뛰어난 지혜로 소승불교의 수행자 중 세 번째 자리인 아나함의
지위에 오른 남편 위사카와의 철학적 대화를 통해,

팔정도와 불교 수행의 핵심요소인 계(戒:계율), 정(定:선정), 혜(慧:지혜)와의 3학(三學)의 관계를 정리하여 불교 교리를 크게 발전시켰다.

교리 해설
불교의 핵심인 무아는 고정된 자아를 부정한다.
따라서 성별, 나이, 배경은 깨달음의 기준이 아니다.
수행의 길은 누구에게나 열려있으며, 그 가능성은 평등하다.
진리는 무엇도 차별하지 않는다.

실천 제안
"나에게도 가능할까?"라는 의심을 내려놓자.
수행은 특별한 사람의 것이 아니라, 하루 일상에서 반복되는 선택이다.

오늘의 실천
- 내가 가진 '자격'에 대한 집착을 돌아본다.
- 스스로를 판단하기보다 있는 그대로를 수용해본다.
- 나와 다른 이들에게 열려있는 시선을 연습해본다.

제11장. 빔비사라 왕-
"세상 권력보다 마음의 평화"

수없이 많은 사람들이 성공을 추구하고 좇는다.
돈, 명예, 지위는 안정의 상징처럼 보인다.
그러나 그 자리에 올라서도 마음은 늘 불안하다.
통제할 수 없는 것이 삶이라면,
진정한 평화는 어디에서 오는가?

세상 권력보다 마음의 평화가 먼저라고 설하는
빔비사라 왕에 관한 경전의 일화를 살펴보고자 한다

빔비사라 왕은 마가다 왕국의 왕으로,
부처님의 초기 후원자 중 한 명이었다.
그는 마가다를 52년 통치하면서, 마가다를 인도의 16개국 중의
강대국으로 성장시켰으나, 왕권과 부처님의 가르침 사이에서 고뇌하다가
속세의 권력보다는 진리의 깨우침이 행복하다는 것을 느끼고
점차 내면의 평화를 추구하게 된다.
그는 권력보다는 마음의 평안을 얻고자 수행의 길을 택하여,
아내까지 출가시키더니 최초의 불교사원인 죽림정사를 보시하는 등,
석가모니의 든든한 후원자가 되어
정치의 중심에서 마음의 중도로 인생의 방향을 지향했다.

교리 해설
사성제(四聖諦)는 불교의 핵심교리로서
인간의 고통과 그 해탈을 설명하는 4가지 진리이다.

고제(苦諦)는 중생이 생노병사(生老病死)의 4가지 근본적 고통을 가지며,
근본적 고통에 수반하는 4가지의 고통 즉,

애별리고(愛別離苦: 친한 사람과 헤어져야 하는 고통)
원증회고(怨憎會苦: 보기 싫은 사람을 다시 보아야 하는 고통)
욕부득고(欲不得苦: 욕구하는 것을 갖지 못하는 고통)
오온성고(五蘊盛苦: 色,受,想,行,識의 5가지의 정신과 물질세계에 집착한 고통)을
합친 8苦로 고통을 받는데,
이를 벗어나려면 집착을 버리고 무명(無明)에서 벗어나라고 설한다.

집제(集諦)는 고통의 원인이 탐진치(貪嗔痴: 탐욕, 성냄과 시기심, 어리석음)와
이로 인한 12가지 인연으로 생기며
멸제(滅諦)는 고통이 소멸된 열반의 상태에 오름을 의미한다.

도제(道諦)는 멸제를 통해 열반에 이르는 실천적 방법으로
팔정도(八正道)를 제시한다.

중도는 극단을 피하고, 욕망과 고행을 넘는 균형의 길이다,
계율은 마음을 다스리는 첫걸음이며,
평화는 통제에서가 아니라 자발적 절제에서 시작된다.

실천 제안
이 장에서 말하는 것은 욕망을 억제하라는 말이 아니다.
단지, 무엇이 나를 불안하게 하는가를 직시하라는 제안이다.
마음의 평화는 외부가 아니라 내면에서 비롯된다.

오늘의 실천
- 하루 중 욕망이 강하게 일어난 순간을 떠올려본다.
- 그것을 어떻게 바라보았는지 관찰하여 본다.
- 마음속에 중도의 태도를 실험해본다.

제12장. 끼사 고따미-
"이 세상에 죽지 않는 사람은 없다"

사랑하는 사람의 죽음을 어떻게 받아들일 수 있을까?
상실은 늘 갑작스럽고, 치유는 더디다.
우리는 죽음 앞에서 무력감을 느끼고, 때로 삶의 의미마저 흔들린다.

비구니 끼사 고따미에 관한 테라카타(장로의 게송)의 주석서
일화에서 보게 되는 보편적 진리의 깨우침

끼사 고따미는 어린 아들을 잃고 충격을 받는다.
죽은 아들을 살리기 위해 여기저기를 돌아다니며
아들을 살리는 처방을 백방으로 구했으나 찾지 못하다가,
주변의 소개로 슬픔에 빠진 체 기원정사에 계시는 세존을 찾게 된다.
세존을 만난 끼사 고따미가 "아들을 살려달라"고 애원하자,
부처님은
"사람이 죽은 적이 없는 집에 가서 겨자씨를 한 줌 얻어 오라"고 말씀한다.
그녀는 이 마을 저 마을 돌아다니며 집집마다 방문하지만,
그녀가 만난 가구 중에서 죽음을 경험하지 않은 집은 결코 없었다.

이 경험을 통해 보편적인 진리를 깨닫게 된 그녀는 비구니가 된다.
부처님께서는 비구니가 된 끼사 고따미에게
"죽음을 이기는 길을 모르고 백년을 사는 것보다는
단 하루라도 죽음을 초월하는 진리의 길을 알고 살아가는 것이
훨씬 행복하다"라는 게송을 읊으셨다.

교리 해설

무상은 모든 존재가 변한다는 진리이다.
죽음은 그 자연스러운 일부이며, 이를 직시하는 것이 통찰의 시작이다.

사념처(四念處:수행의 4가지 대상)는
몸을 부정한 것으로 아는 신(身)념처,
감내하는 모든 것이 고통인 것을 아는 수(受)념처,
마음은 무상한 것을 아는 심(心)념처,
법은 무아인 것을 아는 법(法)념처를 이르는데,
수행 중 '身,受,心,法'를 관찰함은 삶과 죽음을 함께 바라보는 연습이다.

실천 제안
죽음은 두려운 것이 아니라 삶을 더 깊이 이해하게 해주는 거울이다.
상실 속에서 우리는 삶의 본질에 다가간다.

오늘의 실천
- 오늘 하루, 누군가를 따뜻하게 바라본다.
- 이 순간이 마지막일 수도 있다는 마음으로 삶을 느껴본다
- 죽음에 대해 침묵 속에서 5분간 사색해본다.

제13장. 난다-
"쾌락의 끝에는 허무가 있었다"

"재미있는 게 최고야." "사는 것이 고되니, 즐기자."
MZ 세대는 즐길 줄 아는 세대다.
카페, 음악, 드라마, 쇼츠 영상, 여행, 전시회.
감각은 매일 새로운 자극을 원하고, 삶은 좋은 소비로 포장된다.
그런데 그 끝에서 가끔 공허함이 밀려온다.
"다 누려도 왜 허전하지?" 우리는 묻는다.
즐거움과 진짜 행복은 어떻게 다른가?

이번 장을 잘 설명하고 있는 난다에 관한 경전의 해설을
잘 살펴보면 쾌락이란 단지 일시적 행복임을 알게 된다.

난다는 부처님의 이복동생이었다.
그는 원래 잘생기고 부유하며, 쾌락을 즐기던 청년이었다.
그러나 형님인 부처님의 권유로 마지못해 출가한다.
출가 후에도 마음은 번뇌로 차있고, 여전히 세속의 욕망에 사로잡혀 있어
부처님은 그런 난다를 데리고 천상세계에 올라가 신의 궁전을 보여준다.
난다는 넋을 잃고 묻는다.
"내가 잘 수행하면 저런 곳에 갈 수 있습니까?"
부처님은 미소 지으며 고개를 끄덕인다.
그러고 며칠 뒤, 부처님은 난다에게 지옥의 모습도 보여준다.
그는 충격을 받고 다시 묻는다.
"내가 욕망에 사로잡혀 살면 저곳으로 갑니까?"
부처님은 다시 고개를 끄덕인다.

이후 난다는 깊은 사유에 빠져 수행을 시작했고, 마침내 진리를 깨달았다.
난다는 말햇다.
"쾌락은 달콤했지만, 그 끝에는 항상 허무가 기다리고 있었다."

교리 해설
부처님은 감각적 욕망을 '가시를 품은 꽃'에 비유하셨다.
겉은 아름다우나 잡으면 찔린다.
욕망 자체를 죄악으로 보지는 않지만, 그것에 휘둘리면 괴로움이 따른다.
불교의 '중도(中道)'는 감각을 억압하지 않되,
집착하지 않는 삶의 균형을 말한다.
이 균형은 팔정도의 '정정진', '정념'과 연결된다.
욕망을 부정하거나 도피하지 않고 그것을 바라보되 휘둘리지 않는 힘.
그것이 수행자의 길이며, 자유로 가는 통찰의 시작이다.

실천 제안
우리 모두는 쾌락의 유혹 속에서 살아간다.
하지만 잠시 멈춰 묻자.
"지금 내가 원한 건 자극인가, 진짜 기쁨인가?"
그 질문만으로도 삶의 방향은 바뀔 수 있다.

오늘의 실천
- 오늘 하루 중 가장 강하게 나를 자극한 욕망 하나를 적어본다.
- 그 욕망 뒤에 있는 내 감정을 살펴본다. 허전함? 외로움? 불안?
- 다음에 그 욕망이 다시 떠오르면, 5초만 멈춰 묻자.
  "지금, 나에게 정말 필요한가?"

제14장. 라훌라-
"마음은 거울처럼 닦아야 한다"

"왜 그런 선택을 했을까?"
마음속에 쌓인 감정의 먼지들은 관계를 흐리게 하고,
자기 자신마저 부정하게 만든다.
상처를 주고, 상처를 받고, 그 모든 것을 잊은 척하며 또 하루를 산다.
우리는 묻는다. "이 마음, 정화할 수 있을까?"

마음을 수양하는 일화로 라훌라의 경전 게송을 살펴본다.

라훌라는 석가 출가 이전에 태어난 아들로 아라한과를 얻은 사람이다.
비교적 어린 7세에 출가하고 20세에 비구가 되어 평생 수행의 길을 걸었다.
부처님은 그에게 깊은 관심을 보이며 가르침을 주었으나,
어느 순간 라훌라가 거짓말을 하고 다닌다는 사실을 알게 되고
라훌라에게 물항아리를 들고 오게 한다.
"이 항아리에 물 대신 오물을 부으면 어떻게 되겠느냐?"
"오물이 묻어 더러워집니다."
"그렇다. 거짓은 마음을 더럽힌다."
이후로도 부처님은 라훌라에게 '마음의 청정'을 강조하며
자기를 관찰하고 참회하는 수행을 강조한다.
결과로 라훌라는 10대 제자 가운데 한명으로 아라한의 입지에 오르는데,
수행하는 과정에서 장기간 말보다는 묵묵히 실천을 중시하는
불언(不言)을 실행하여 밀행 제일이라 칭해지기도 하고,
한편으로는 학(學)을 좋아하여 학습 제일이라 칭해지기도 한다.

교리 해석

불교는 '청정한 마음'을 수행의 시작점으로 본다.
'자기 관찰'과 '참회'는 사념처(四念處)의 핵심이다.
생각과 감정의 흐름을 자각하고, 거기에 함몰되지 않으며,
그릇된 언행을 성찰하고 돌이키는 힘.
이것이 '정견'과 '정어', '정업'의 출발이다.
마음은 거울처럼 매일 닦아야 한다.

실천 제안

우리는 완벽하지 않다.
그러나 마음을 자주 닦는다면, 삶은 조금 더 맑아질 수 있다.
자기비판이 아니라 자기 돌봄의 태도로 마음을 바라보자.

오늘의 실천

- 오늘 하루 중 마음에 남은 말이나 행동을 떠올려본다.
- 그것을 누구에게도 말하지 않고 조용히 되새기며
  '왜 그런 마음이 들었는지'를 적어본다.
- 잠들기 전, 나에게 말한다.
  "오늘도 애썼어. 내일은 더 맑게 살아보자."

제15장. 우팔리-
"진실은 신분을 가리지 않는다."

우리는 태어나면서부터 이름을 단다.
'어디 출신인지', '무슨 학교를 나왔는지', '무슨 직업인지'
이 정체성의 껍질들은 나를 설명해주는 것 같지만,
급기야는 어느 순간 나를 가두기 시작한다.
사회는 끊임없이 묻는다.
"당신은 누구입니까?"
우리는 조건으로 대답한다. "나는 ~~입니다."
그러나 조건이 바뀌면 나는 누가 되는가?
나는 정말 직업, 성별, 나이, 외모로 정의될 수 있을까?

우팔리에 얽힌 경전의 일화를 소개함으로써 깨우침에는
귀한 신분, 천한 신분이 따로 없음을 살펴본다.

우팔리는 원래 인도의 신분계층인 카스트 제도에서 최하 계층인
수드라 출신으로 카필라 왕국의 이발사였다.
낮은 계급 출신이었기에 귀족과 성직자들 앞에 설 수조차 없었다.
어느 날, 석가족의 7명의 왕자들이 부처님께 출가할 계획을 밝히며
자신들의 머리를 깎아준 우팔리에게도 함께 출가하자고 권유하는데
이때 우팔리는 세존의 가르침이 어떤 무엇보다도 위대하다는 것을 알게 되어
이들 제왕자보다 먼저 수도원으로 출가를 실행했다.

당시의 의례에 의하면, 신분보다도 먼저 불가에 입신한 사람을 우대하여
입신한 사람의 차례대로 예배하는 질서가 있었다.

일곱 명의 왕자들은 예불할 때 의례에 따라
먼저 출가한 수드라 출신 우팔리에게 예배를 하였고,
이를 지켜본 세존께서는 찬사를 올린다.
"석가족이 그동안 지닌 고만(高慢)을 버리고 질서를 잘 지키고 있다."
우팔리는 7명의 제왕자가 철저히 계율을 지키는 것에 존중하여,
계율의 중요성을 철저히 알리고 발전시키는 일에 큰 노력을 기울였고,
이것을 보고 부처님은 우팔리를 승단의 계율 전문가로 삼으셨다.
훗날 그는 수천명 승려들에게 계율을 가르치는 대스승이 되어,
후일 석가의 10대 제자 중 지율제일(持律第一)로 칭해진다.
우팔리는 말했다.
"석가 교단의 사람들은 비록 내가 가장 낮은 신분의 사람인 줄 알지만,
진실 앞에서는 누구나 평등하다는 것을 행동으로 표명했다."

교리 해설:
불교는 무아를 중심 교리로 삼는다.
'나'라고 믿는 모든 정체성은 인연 따라 생긴 이름일 뿐 실체가 없다.
그러므로 '나답게 산다'는 것은 사실은 '진실하게 산다'라는 말과 같다.
부처님은 인도에서 뿌리 깊은 카스트 제도를 부정하셨고,
누구나 수행의 길에서 중요한 것은 배경이나 조건이 아니라,
'마음의 태도'와 '지속적인 실천'이라고 강조하셨다.

실천 제안:
혹시 '내가 누구인지'를 몰라 흔들리고 있다면, 우팔리 이야기를 떠올리자.
우리는 조건으로 만들어진 사람이 아니라, 선택으로 드러나는 존재이다.

오늘의 실천:
- 오늘 나를 정의하는 단어를 5개 적어본다.
- 그 중 '가장 중요하다고 여기는 정체성' 하나를 지운다.
  그리고 스스로에게 묻는다. "이게 없어도 나는 여전히 나인가?"
- 마지막으로 다음 문장을 조용히 읊조린다
  "나는 나로 태어난 것이 아니라, 매일 나를 만들어가고 있다."

제3부. 마음이 머무는 법

〈김유찬 화백 원작〉

제16장. 지금 여기, 숨을 쉰다는 것

1. 숨 쉬는 법을 잊고 사는 우리

우리는 매일 숨을 쉰다.
하지만 스스로에게 물어보자.
"오늘 나는 숨 쉬는 것을 의식한 적이 있었던가?"
바쁘게 하루를 보내면서 우리는 그저 살아남기 위해 숨을 쉰다.
그러나 부처님은 이 단수한 행위를 '깨어있음'의 핵심으로 보셨다.
팔정도의 '정념(正念)'은 지금 이 순간, 있는 그대로를 자각하는 능력이다.
숨을 들이쉬고 내쉬는 순간, 우리는 생각에서 벗어나 현실로 돌아온다.
부처님께서는 언제나 말씀하셨다.
"호흡을 따라 의식을 붙잡아라. 거기에 진짜 삶이 있다."
우리가 살아가기 위해 숨 쉬는 것이 아니라, 깨어있기 위해 숨을 쉰다.
이것이 불교에서 말하는 '삶의 기술'이다.

2. 말 없는 가르침- 소리 없이도 전해지는 것들

청각 장애를 지닌 신도 한 분이 산사에 머물게 되었다.
그는 말은 통하지 않았지만,
언제나 예불 시간 맨 앞줄에 앉아 눈을 감고 가만히 손을 모았다.
어느 날, 스님은 그에게 다가가 조용히 손바닥에 글씨를 써 주었다.
"함께 해 주셔서 감사합니다."
그는 미소를 지으며 고개를 끄덕였다.
함께 걷고, 함께 다도를 나누고, 함께 묵언으로 산길을 걸었다.
두 사람은 아무 말도 없었지만, 호흡으로 말을 나누고 있었다.

스님은 말했다.

"진리는 말로만 전하지 않습니다.

진짜 가르침은 말없이 호흡을 통한 침묵으로도 전해집니다."

3. 고요하게 숨을 쉬는 연습

명상의 시작은 '호흡'이다.

가장 단순하지만, 가장 깊은 수행이다.

호흡은 늘 우리와 함께 있지만, 한번도 제대로 들여다본 적이 없다.

그래서 불안한 날일수록, 마음이 흐릿할수록 호흡을 해보라는 것이다.

앉아서 조용히 눈을 감고, 코끝을 지나는 공기의 흐름을 느껴본다.

들숨과 날숨이 반복되는 사이에, 생각도 감정도 일시적으로 멈춘다.

부처님도 오랜 시간 이 호흡 하나만을 지켜보며 깨달음을 길러내셨다.

호흡은 '지금 이 순간'을 알려주는 가장 솔직한 메신저이다.

불안할 때 호흡은 가빠지고, 평화로울 때 호흡은 길고 부드럽다.

마음과 호흡은 늘 연결되어 있다.

마음을 보려면, 호흡을 보면 된다.

4. 스마트폰을 켜는 대신 숨을 켜라

현대인은 아침에 눈 뜨자마자 스마트폰을 켠다.

그러나 그것보다 먼저 숨을 쉬는 연습이 필요하다.

하루를 시작하기 전,

단 1분이라도 눈을 감고 내 호흡의 리듬을 들어보자.

그 1분이 하루 전체의 색깔을 바꿀 수 있다.

'정념'은 멀리 있는 것이 아니다.

커피를 마시며 향을 느끼고,

계단을 오르며 다리의 움직임을 자각하는 것.

바로 그 순간에도 우리는 명상을 하고 있는 것이다.

우리는 모두 숨 쉬는 명상가가 될 수 있다.

5. 하루 3분 호흡 관찰
- 조용한 곳에 앉는다.
- 눈을 감고, 코끝으로 들어오고 나가는 숨을 느낀다.
- 생각이 떠오르면, 다만 알아차리고 다시 호흡으로 돌아온다.
- 3분 동안, 아무것도 하지 않고 '숨을 느끼는 나'를 지켜본다.

이 짧은 연습이 내일의 삶을 바꾼다.
한 번의 호흡은 짧지만, 그 안에는 내 삶의 전체가 들어 있다.
"지금 숨 쉬고 있는 내가 가장 진정한 나이다."

오늘의 실천
- 오늘 하루, 말보다 눈빛과 몸짓, 호흡으로 마음을 전해본다.
- 누군가와 함께 묵묵히 걷는 시간을 가져본다.

제17장. 걷는다는 것의 깊이
-우리는 늘 걷고 있지만, 걷지 않는다.

출근길, 계단, 마트, 공원. 우리는 하루에도 수천 걸음을 걷는다.
하지만 그 걸음 하나하나를 의식하며 걷는 사람은 드물다.
우리는 목적지에 도달하기 위해 걷고, 다음 일정에 맞추기 위해 걷는다.
그 걸음 안에 '나'는 없다.
부처님은 걸음을 수행의 방식으로 삼으셨다.
걷기 명상(walking meditation)은
초기 불교에서부터 전해 내려오는 중요한 실천이다.
부처님과 제자들은 늘 걸었다.
땅을 딛는 순간, 땅과 나의 연결을 느끼며 걷는 것이다.

1. 걷기 명상은 단순한 산책이 아니다

걷기 명상은 그저 천천히 걷는 것이라고 여겨서는 않된다.
그것은 내 발이 닿는 순간의 감각을 자각하는 일이다.
한 걸음 내디딜 때,
발바닥의 감촉, 다리의 움직임, 균형의 섬세함을 느껴본다.
들숨과 날숨, 발걸음이 하나의 리듬이 된다.
사찰의 경내를 걷다 보면, 자신도 모르게 느려진다.
소리를 줄이고, 시선을 낮추며 걷는 그 순간, 세상이 달라진다.
단풍 하나, 돌 하나, 풀잎의 흔들림 하나까지
모두가 지금 여기에 함께 존재하는 '법(法)'의 형상처럼 느껴진다.
그것이 걷기 명상의 세계다.

2. 걷는다는 것은 살아있다는 증거이다

병상에 누운 이들이 가장 먼저 그리워하는 것이 '걷기'이다.
발로 땅을 딛는 것은 내 존재가 세상과 연결되어 있다는 증거이다.
우리는 걷는 순간, 다시 세상 속에 들어선다.
그것은 단지 운동이 아니라 존재의 감각이다.
걷기 명상은 그런 존재의 감각을 되살린다.
목적도 없이 걷는 법, 천천히 걷는 법, 숨과 걸음을 맞추는 법.
이것은 '머무는 걷기'이다.
이 걷기는 목적지가 없다. 그저 나와 함께 걷는 시간이다.

우리는 늘 앞만 보며 걷지만, 지금 이 순간에는 한 걸음이 전부이다.
"한 걸음이 전부일 때, 나의 삶은 지금 여기에 있다."

오늘의 실천- 10분 걷기 명상
- 핸드폰을 끄고, 조용한 길을 선택한다.
- 눈을 아래로 두고, 호흡과 발걸음을 함께 느낀다.
- 들숨, 한 걸음. 날숨, 또 한 걸음.
- 어디를 향하는가보다, 지금 어디에 있는지를 느낀다.

제18장. 내려놓는다는 것의 용기
-가진다는 것의 피로

우리는 살아가며 끊임없이 무언가를 가진다.
정보, 관계, 소유물, 자격, 기억, 심지어 마음의 상처까지.
'더 나은 나'를 위해 쌓아 올리는 모든 것들은 마음의 무게가 된다.
소유는 부담이 되고, 기대는 실망으로, 집착은 괴로움으로 변한다.
현대인은 수많은 선택지 속에서 자유롭게 보이지만,
사실은 선택하지 못하는 불안에 갇혀 있다.
내려놓으면 실패한 것 같고, 잃으면 뒤처진 것 같이 느낀다.
그래서 우리는 놓지 못한다.
그러나 부처님은 말씀하셨다.
"진정한 자유는 내려놓을 수 있는 데서 온다."

1. 부처님의 '내려놓음'

부처님이 왕자의 자리를 내려놓았을 때, 그는 패자가 아니었다.
세존은 탐욕과 두려움을 함께 내려놓았고, 그것은 존재 방식의 혁명이었다.
소유하는 것이 아닌, 존재하는 삶을 다시 쓰기 시작한 것이다.
그 내려놓음이 곧 출가였고, 그 순간부터 자유가 시작되었다.
불교는 끊임없이 묻는다.
"이것은 정말 필요한가?"
"이것을 쥐고 있음으로써 나는 자유로운가?"
우리는 그 질문 앞에 설 용기가 필요하다.
내려놓음은 포기가 아니라 선택이다.
무엇이 진짜 나를 위한 것인지 분별하는 지혜의 시작이다.

2. 나를 놓아주는 연습

어쩌면 가장 내려놓기 어려운 것은 나 자신에 대한 기대일지 모른다.

나는 이래야 한다, 저 사람보다 나아야 한다,

과거의 나보다 성공해야 한다는 끊임없는 비교와 자기몰입.

'자기 서사'를 내려놓는 일은 두려움을 동반한다.

하지만 그 너머에 평화가 있다.

명상에서 우리는 생각을 내려놓는다.

순간순간 올라오는 감정이나 판단을 붙잡지 않고 흘려보낸다.

그 작은 연습이 삶에서도 반복된다.

한마디를 참는 용기,

오해를 감내하는 용기,

말하지 않고 기다리는 용기.

내려놓는다는 것은 단지 물건을 버리는 일이 아니라,

마음의 공간을 비우는 일이다.

"진짜 자유는 놓을 수 있는 마음에서 시작된다."

놓는 순간에 생기는 가벼움은 붙들고 있을 때는 알 수 없는 선물.

오늘의 실천- 마음 내려놓기
- 오늘 하루, 하나의 기대를 내려놓는다.

  (예: 칭찬받아야 한다는 마음, 빨리 끝내야 한다는 압박)
- 집에 돌아와, 필요없는 물건 하나를 버려본다.
- 명상할 때, 생각을 바꾸려 하지 말고 흘려보는 연습을 한다.

제19장. 지금, 여기에 머문다는 것
-우리의 마음은 어디에 머무는가?

우리는 늘 무언가를 쫓는다.
다음에 할 일, 미래 목표, 지나간 기억들 속에서 헤매기 일쑤이다.
하지만 정작 '지금' 이 순간에 머무르는 일은 어렵다.
스마트폰 알림, SNS 소식, 끊임없는 생각의 파도.
그 속에서 현재는 금방 흘러가 버린다.
마음이 여기저기 흩어지니, 온전히 자신과 마주하기란 쉽지 않다.
부처님은 지금 여기를 깊이 살피라고 하셨다.
그것은 단순한 시간의 개념이 아니라 의식의 집중이다.
마음이 지금에 머물 때, 비로소 우리는 진정한 존재로 깨어난다.
이 순간을 잃으면, 삶은 단지 반복되는 하루의 연속일 뿐이다.

1. 지금 여기의 의미

지금 여기에 머문다는 것은 곧 있는 그대로 받아들이기이다.
과거의 후회도, 미래의 불안도 잠시 내려놓고,
순간순간 일어나는 감각과 생각을 그대로 바라보는 것이다.
그것은 저항 없는 수용이며, 내면의 평화로 가는 첫걸음이다.

초기 불교의 '사념처(四念處) 수행은
바로 지금 여기에 머무는 법을 알려준다.
몸과 마음, 느낌과 생각을 '있는 그대로' 관찰하며,
일체의 판단이나 해석 없이 받아들이는 연습이다.
이 과정에서 마음의 동요를 줄이고 내면의 중심을 잡아간다.

2. 머문다는 것의 어려움과 가치

지금 여기에 머무는 일은 결코 쉽지 않다.
산만한 세상은 우리를 끊임없이 분산시킨다.
과거의 기억이나 미래의 불안을 붙잡으려는 마음은 강력하다.
또한 '머무름'을 시도할 때 찾아오는 불편함과 공허함도 있다.
하지만 이 불편함이야말로 변화의 씨앗이다.
마음이 떠나려 할 때마다, 지금 여기로 돌아오는 연습이 필요하다.
그때 비로소 우리는 내면의 고요와 자유를 경험한다.
머무름은 곧 자유이다.
"지금 이 순간, 나는 온전히 살아있다."

오늘의 실천- 지금 여기에 집중하기
- 하루 중 5분이라도 편안한 자세로 앉아 눈을 감는다
- 호흡에 집중하며, 들어오는 숨과 나가는 숨을 느낀다.
- 떠오르는 생각이나 감정을 판단 없이 바라보고 흘려보낸다.
- 마음이 다른 곳에 가더라도 부드럽게 다시 지금 여기로 돌아온다.

이 간단한 연습이 일상 속의 지금 여기에 머무는 힘을 길러준다.

제20장 나를 잃었을 때, 나를 다시 찾는 길
"나는 지금 어디에 있지?"

요즘 많은 친구들이 이렇게 말합니다.
"요즘 진짜 내가 뭔지 모르겠어."

친구 수진이와 카페에서 나눈 대화를 떠올려 봅시다.
수진: "나, 어제도 SNS 보다가 완전히 우울에 빠졌어.
　　　다들 멋진 여행 다니고, 성공한 것 같은데
　　　나는 뭐 하고 있는 거지 싶고......."
나: "그럴 때 정말 힘들지. 나도 가끔 그런 생각 들어.
　　왜 내 인생은 저 사람들처럼 빛나지 않는 걸까?"
수진: "맞아. 그리고 이상한 건, SNS을 끊으면 심심하고 허전해서 다시 보게 돼.
　　　나를 잃는 기분이야."

이 대화 속에는 우리 모두의 고민이 담겨 있다.
끊임없는 비교와 정보 속에서, 내 '진짜 나'를 찾기 어려운 시대이다.
부처님이 들려주는 '본래 마음' 이야기,
부처님은 우리에게 말씀하신다.
"변하는 모든 것 가운데 변하지 않는 것이 있으니, 그것을 찾아라."
세상이 아무리 변하여도 '본래의 나'는 항상 내 안에 있다는 뜻이다.
우리 회사 지훈이 이야기도 들어볼까요?
지훈: "회사에서 스트레스 받고, 매일 야근에 SNS 확인하느라 정신없는데,
　　　어느 순간 '나는 누구지?'라는 생각이 들더라구.
　　　너무 지쳐서 3일간 스마트폰도 끄고 산책을 다녔어."
나: "그게 쉽지 않은데, 어떻게 버텼어?"

지훈: "처음에 너무 답답했는데, 산책하면서 그냥 내 숨소리에 집중했어.
　　　그때부터 '나'가 보이는 느낌?
　　　스마트폰 끄고 나니 오히려 마음이 편안해지더라구."
지훈은 스마트폰과 디지털세상에서 잠시 떨어져 "본래 마음'을 만난 것이다

1. 잃어버린 나를 찾아가는 과정

수진이도 명상을 시작했다.
수진: "처음엔 머리가 너무 복잡해서 '내가 왜 이러지? 싶었는데,
　　　꾸준히 하니까 내 마음이 조금씩 맑아지는 느낌이야.
　　　아직 완전한 건 아니지만, 예전보다 나를 잘 이해하게 된 것 같아."
태현이는 회사에서 큰 실패를 겪고 나서 비로소 자신을 돌아볼 수 있었다.
태현: "프로젝트 완전히 망했을 때, 처음엔 그냥 무너지더라고.
　　　하지만 그 시간이 지나면서 내가 진짜 원하는 것을 생각하게 됐어.
　　　예전엔 남들 눈치를 보느라 내 꿈도 몰랐는데,
　　　이제는 조금씩 그 길을 찾아가고 있어"
　나를 잃었다는 경험은 결국 나를 다시 찾는 중요한 과정이기도 하다.
"나를 잃었다고 느낄 때, 그때가 나를 새롭게 발견하는 길의 시작이다."

2. MZ 세대에게 전하는 메시지

우리는 하루에도 수백 번씩 나 자신을 잃고, 또 찾고를 반복한다.
중요한 것은 '멈추고 바라보기'이다. 부처님은 그것을 '정념'이라 부르셨다.
지금 이 순간, 있는 그대로 나를 바라보는 힘. 이것이 정념이다

3. 오늘부터 할 수 있는 작은 연습

- 하루에 10분, 스마트폰 없이 조용한 곳에서 나의 마음을 관찰해보자.
　　'지금 내 마음은 어떤 감정을 느끼고 있을까?'
- SNS 알림을 꺼두고, 디지털 디톡스 시간을 정해 나만의 시간을 확보하자.
- 내가 진짜 좋아하는 것은 무엇일까?
　　일기장에 적어보며, 내 내면의 목소리에 귀 기울여 보자.

제21장. 평범한 순간에도 길은 있다

1. 이것이 다 무슨 의미가 있을까?

지하철 속, 사람들 대부분은 고개를 숙이고 스마트폰을 보고 있다.
어떤 이는 게임을, 어떤 이는 뉴스, 어떤 이는 유튜브 숏폼을 빠르게 넘긴다.
옆자리에 앉은 나에게 문득 이런 생각이 스친다.
"지금 내가 이걸 왜 보고 있지?"
"내 하루는 도대체 뭐로 채워지고 있는 거지?"
그 순간 마음속에는 이상한 허무가 밀려온다.
일이든 공부든, 열심히는 하고 있지만 왜인지 공허하다.
뭔가 결정적인 것을 놓치고 있다는 불안.
아무리 달려도 허전한 감정이 따라붙는다.
이건 나만 그런 게 아니다. 친구들도 다 비슷하다.

어느 날, 카페에서 민호가 툭 던진 말.
"우리 그냥 사는 거 맞냐? 왜 이렇게 반복되는 하루가 의미 없지?"
그 말에 다들 조용해졌다.
겉으론 괜찮아 보여도, 마음속 어딘가에 모두 '공허'를 안고 살고 있었다.

2. 부처님이 제시한 길은 '특별한 삶'이 아닌 '깨어있는 삶'

우리 마음은 자주 이렇게 속삭인다.
"깨달음은 아주 특별한 사람만이 얻는 것 아니야?"
"보통 사람은 그냥 평범하게 살아가는 거고..."
그러나 부처님은 그렇게 말씀하지 않으셨다.

"길은 멀리 있지 않다. 너의 삶 속에, 지금 걷는 그 자리에도 있다."
깨달음은
인도 히말라야 어딘가의 동굴에서 명상하는 수행자의 전유물이 아니다.
출근길 지하철 안,
아이와 함께 걷는 공원,
야근 후 혼자 앉은 자취방.
그 평범한 순간마다, 우리는 '깨달음의 기회'를 마주한다.
부처님은 45년 동안 각기 다른 사람들을 만나며 말씀을 전하셨다.
그 중엔 제자만이 아니라 장사꾼, 농부, 병든 자, 아이까지 있었다.
세존은 삶의 가장 평범한 자리에 질문을 던졌고, 거기서 답을 찾아주셨다.

3. 평범함 속에서 깨어있기

요즘 유행하는 단어 중에 '루틴'이라는 말이 있다.
기상 시간, 모닝커피, 아침 스트레칭, 업무 시작...
그런 일들이 반복될수록 우리는 오히려 '무의식'에 빠지기 쉽다.
그러나 루틴은 깨어있기 위한 틀이 될 수도 있다.
명상 수행자들은 항상 "물을 마시는 순간에도 깨어있으라"고 말한다.
마시는 동작 하나에도 마음을 담으면,
그건 단순한 동작이 아니라 수행이 된다.
우리는 '무슨 일을 하느냐'보다,
'어떤 마음으로 하느냐'가 더 중요하다.

일상의 예시1 – 커피 한 잔

회사에서 늘 마시는 커피.
하지만 오늘은 한번 다르게 해본다.
잔을 들고 향을 느끼며 천천히 한 모금 마신다.
그 따뜻함이 목을 타고 내려가는 느낌에 집중해본다.
그 순간은, 단순한 루틴이 아니라 현재와 만남이다.

일상의 예시2 – 빨래를 개며

주말 아침, 빨래를 널고 개는 시간.
평소 같으면 음악을 틀고 무의식적으로 손을 놀릴 터이지만,
오늘은 손의 감각, 천의 질, 햇빛의 냄새에 주목해본다.
그것은 사소하지만 깊이 있는 몸과 마음의 명상이다.

4. 이것이 수행이 될 수 있을까?

MZ 세대는 종종 '수행'이라는 단어에 부담을 느낀다.
왠지 불교는 고리타분하고, 스님들만 하는 일처럼 느껴지기 때문이다.
하지만 수행은 '절에 가서 참선하는 일'만을 의미하지 않는다.

"매 순간을 의식적으로 살아내는 것,
이것이 곧 수행이요 깨어 있음이다" - 《숫타니파타》
깨어 있는 삶이란, 순간마다 질문을 품는 삶을 의미한다.
그리고 그 질문 속에서, 너는 이미 길 위에 있다.

하루하루를 '왜 사는지'를 묻는 일,
눈앞의 삶을 낯설게 들여다보는 일,
그것이 수행이고, 그것이 부처님의 길이다.

5. 오늘의 실천
- 눈을 뜨자마자 핸드폰을 보기 전, 내 호흡을 먼저 느껴보기
- 점심 먹는 동안 핸드폰을 보지 않고, 음식의 맛에 집중해보기
- 하루의 끝, 오늘 나의 하루에서 가장 인상 깊은 순간을 물어보기

제22장. 반복 속에서 길을 닦다

1. 똑같은 하루, 그러나 그 안에 숨은 길

"요즘 내 인생, 복사 붙여넣기야.
매일 아침 알람 소리에 일어나, 지하철 타고 회사 가고, 일하고,
돌아오면 그대로 뻗어. 웃긴 건, 주말도 비슷하다는 거."
세희의 이 말은 농담처럼 들렸지만, 마음을 찌르는 진심이기도 했다.
우리는 알게 모르게 이런 감정을 자주 공유한다.
하루하루가 도돌이표이고, 인생이 어디로 가는지 알 수 없는 막막함.
매일 아침 같은 커피, 같은 길, 같은 사람들.
시간은 흐르지만 내 삶은 멈춘 것처럼 느껴진다.

MZ 세대는 '성장'이라는 단어에 집착한다.
삶이 진보하고 있다는 증거를 찾고 싶어 한다.
"내가 잘 가고 있는 걸까?"라는 질문이 늘 마음 한 켠에서 맴돈다.
진짜 문제는, 그 질문에 대답할 단서를 어디서도 찾을 수가 없다는 것이다.
SNS 속 타인의 성취는 너무 멀게 느껴지고, 내 일상은 너무 단조롭다.
그렇게 우리는 '반복'이라는 단어를 지루함과 무력감의 상징처럼 여긴다.
하지만 정말 그럴까?
매일 똑같은 일이 반복된다고 해서, 삶이 멈춘 걸까?
부처님은 앉고 또 앉으셨다. 부처님의 일생을 떠올려 보자.
많은 사람들이 '깨달음'이라는 단어를 신비롭고 극적인 사건으로 생각한다.
마치 번개처럼, 한순간에 우주의 진리를 꿰뚫은 것처럼.
하지만 실제 부처님의 길은 극적인 반전이 아닌,
꾸준한 반복과 정진의 여정이었다.

보리수 아래에서의 깨달음,
단 한 번의 앉음에서 얻어진 것이 아니었다.
부처님은 오랜 시간, 수많은 날을 같은 자세로 앉고 또 앉았다.
들숨과 날숨을 지켜보고, 생각이 떠오르면 흘려보내고,
다시 중심으로 돌아오기를 반복했다.
긴 시간 동안 세존은 외롭고, 힘들고, 때로 회의에 빠졌을지도 모른다.
하지만 세존은 멈추지 않았다.
"나는 멈추었지만, 너는 왜 멈추지 않느냐?"
이 말은 단지 행동을 멈추라는 말이 아니다.
내면의 흐름을 관찰하라는 말이다.
반복 속에서도 마음을 잃지 않고, 하루하루를 수행처럼 살라는 말이다.

2. 산사에 흐르는 반복의 힘

산사에서의 하루는 놀라울 만큼 규칙적이다.
새벽 3시, 어김없이 울리는 목탁 소리.
그 소리에 맞춰 일어나 예불을 드리고,
간단한 공양 후에는 청소, 독경, 수행이 이어진다.
해가 지면 다시 예불, 그리고 고요한 밤.

이 루틴은 하루 이틀만 보면 별다를 것이 없어 보인다.
하지만 그 안에 흐르는 집중의 결, 고요한 리듬, 마음의 향기는
정형 없이 매일매일 달라지며,
똑같은 절차 안에서도 수행자들은 매일 다르게 존재하고,
다르게 느끼면서 조금씩 다른 깨달음에 다가간다.
반복이 그들을 지루하게 하지 않는 이유는,
그 안에 깨어있는 마음이 있기 때문이다.

내가 머물렀던 산사의 한 스님은 이런 말씀을 하셨다.
"반복은 진부한 것이 아닙니다. 반복은 '수행의 도량'입니다.
우리는 매일 같은 동작 안에서 어제와 다른 나를 만납니다.

3. MZ 세대, 무한 피로의 시대

도시에 사는 우리는 그것과는 정반대의 반복 속에 살고 있다.
자동화된 리듬, 과잉 자극, 빠르게 흘러가는 피드 백.
우리는 의식없이 살아가는 반복, 감정을 억누르는 반복에 시달린다.
그런 반복은 수행이 아니라 탈진이다.
그러는 사이, 우리는 점점 자신을 잃는다.
바쁜 하루가 끝나면 남는 것은 텅 빈 기분.
나도 모르게 무언가 빠진듯한 공허함이다.
그 공허함은 때때로 이렇게 묻는다.
"이렇게 살아도 되는 걸까?"
바로 이 물음이, 수행의 시작이다.
반복에 지쳐 질문이 생기고, 그 질문이 우리를 '멈춤'의 길로 이끈다.
곧 깨달음으로 향하는 통로가 되는 순간이다.

4. 마음이 담기면 무엇이든 수행이다.

일상을 조금 다르게 바라보자.
커피를 내리는 아침, 손끝에 집중해서 본다.
찻물이 떨어지는 소리, 스팀의 온기, 향이 퍼지는 리듬,
그 안에 마음을 담으면, 단순한 루틴이 아름다운 의식이 된다.
지하철을 기다리며, 휴대폰을 꺼내지 않고 사람들의 표정을 바라본다.
계단을 오르내릴 때마다 숨소리를 느낀다.
하루의 끝에서, 오늘 나에게 수고했다고 속삭인다.
이 모든 순간들이 '지금 여기'에 머무는 훈련이 된다.

한 가지를 더 추천하고자 한다.
"오늘 하루 내가 가장 자주 하는 행동을 하나 골라 보자."
그리고 그 행동을 수행처럼 해보자.
"이것을 하며 나를 알아보자."

5. 마무리하며 – 반복의 의미

삶은 반복의 연속이다.
하지만 그 반복은 단순한 복사가 아니다.
똑같은 길을 걷더라도, 오늘의 햇살은 다르고, 마음의 빛깔도 다르다.
문제는 반복 그 자체가 아니라, 그 안에서 깨어있는 나의 태도이다.
부처님도 매일 똑같은 자세로 앉으셨다.
다만 그 앉음에는 깊은 자각과 사랑, 자비와 인내가 담겨 있었다.
우리 역시 그럴 수 있다.
반복이 우리를 지치게 할 수도 있지만,
반복이 우리를 더 깊고 부드럽게 만들어 줄 수도 있다.
그 선택은 바로 나의 마음에 달려 있다.
그러니 내일이 오늘과 같아도 괜찮다.
오늘보다 조금 더 마음을 들여다보는 하루가 된다면,
우리는 이미 수행의 길 위에 서 있는 것이다.

카카오톡의 대화를 예시로 반복의 깨달음을 접하고자 한다
하윤: 야, 나 요즘 회사랑 집만 왔다 갔다 했어. 너무 무료해.
나: 그 기분 알아. 나도 예전에 그랬어. 스님께서 '반복되는 하루 속에,
　　마음이 있다면 그건 수행이다'라고 하신 적이 있지만.....
하윤: 수행이라... 난 그저 지루할 뿐인데 ㅠㅠㅠ
나: 나 요즘에 세수할 때도 마음을 써.
　　물 온도, 감촉, 내 얼굴을 바라보는 시간. 그게 꽤 좋아.
하윤: 우와, 나는 생각도 못 해봤다. 오늘은 설거지할 때 한번 해볼게.

오늘의 실천
- 오늘 내가 반복한 행동 중 하나를 떠올려본다.
  (예: 걷기, 커피 내리기, 책상 정리 등)
- 그 행동을 내일은 조금 더 의식적으로 다시 해 지금 이 순간을 느껴본다.
- 끝으로 스스로에게 묻는다:
  "오늘 나는 내 마음을 몇 번이나 들여다보았는가?"

4부. 우연과 필연

〈김유찬 화백 원작〉

제23장. 나는 왜 이렇게 태어났을까?

1. 탄생과 전생의 업에 대하여

"나는 왜 이런 집에서, 이런 모습으로 태어났을까?"
많은 사람이 한 번쯤은 묻습니다.
"왜 나는 이런 집안에 태어났을까?"
"왜 나는 남들보다 운이 없다고 느끼지?"
"어떤 사람은 태어날 때부터 반은 성공한 것처럼 보이는데…."
이 질문은 단지 운에 대한 불만이 아니라, 삶의 조건에 대한 질문이다.
부처님은 이런 질문을 피하지 않으시고 정면으로 마주하셨다.
그리고 이렇게 말씀하신다.
"이 삶은 우연이 아니라, 업의 흐름 속에 있다."

부처님은 전생과 업을 믿으셨을까?
네, 그렇습니다. 부처님은 전생이 존재한다고 보셨고,
깨달음 이전과 이후 모두 자신의 수많은 전생을 관찰했다고 설하셨다.
하지만 여기서 중요한 것은
이야기처럼의 전생이 아니라, 인과의 흐름으로서의 전생이다.
불교에서 업(業, Karma)은
단순히 전생의 죗값을 받는다는 개념이 아니다.
업은 '행위'이며, 그 행위가 남긴 마음의 흔적이다.

그 흔적은 다음 생으로 이어지며, 삶의 조건을 구성하게 된다.
"지금 내가 겪는 삶은 과거의 마음이 만들어낸 결과이며,
지금의 마음은 미래의 삶을 만드는 원인이다."

부처님은 업을 통한 책임의 철학을 설하셨다.
"지금의 나는 단순히 남 탓, 사회 탓만으로 설명할 수 없으며,
어디서든 지금 여기에서 바꾸어 갈 수 있는 존재라는 가르침이다

2. 업과 인연에 대하여

매서운 바람 속을 뚫고, 법당의 문을 밀고 들어온 사내,
그는 세상 사람들이 경멸하는 재소자 출신이었다.
그는 과거 자신을 학대했던 사람을 용서하지 못해 괴로워하고 있었다.
스님은 그를 조용히 앉히고, 앙굴리말라의 이야기를 들려주었다.
수많은 사람을 죽인 살인자였던 앙굴리말라가
부처님을 만나 변화된 삶을 살게 되었다는 이야기.
"앙굴리말라는 자신을 괴롭혔던 모든 기억에서 자유로워진 게 아닙니다.
단지, 그것을 더 이상 원망하지 않게 되었을 뿐이지요."
"그 사람도 바뀔 수 있을까요?"
"모르지요. 하지만 당신은 바뀌었습니다. 그것이면 충분합니다."
그는 자신이 미워하던 사람을 떠올렸다.
그리고 깨달았다. 자신도 누군가에게는 그런 사람이었을지 모른다는 것을.
미움은 또 다른 미움의 씨앗이 되고, 용서는 자유의 첫걸음이 된다.

3. MZ 세대와 '업'의 문제 –그건 내 책임 아닌데요.

MZ 세대는 흔히 말합니다.
"내가 이렇게 된 건 환경 탓 아닌가요?"
"왜 내가 부모님 세대의 잘못을 떠안아야 하죠?"
"이건 내 업이 아니라, 시스템의 문제예요."
맞습니다.
부처님도 그런 사회적 맥락과 조건을 부정하지 않으셨습니다.
하지만 동시에 지금 내가 하는 작은 선택, 말, 생각이
미래의 삶을 만들 수 있다고 보셨습니다.
부처님은 인간이 희생양이 되지 않기를 바라셨습니다.

누구 탓도 하지 않고, 자신의 마음을 정화함으로 새로운 미래를 여는 것,
그것이 업을 이해하고 수행하는 방식입니다.

4. 탄생은 업의 결과이자, 깨달음의 기회다

불교에서는 인간으로 태어나는 것을 '거의 기적'에 가까운 기회로 본다.
욕망, 고통, 죽음, 반복되는 삶의 굴레 안에서
깨달음이라는 가능성이 열리는 생(生)이기 때문이다.
부처님은 말씀하셨다.
"동물의 발자국 중 가장 큰 것은 코끼리의 발자국이고,
수행 중 가장 큰 일은 업을 성숙하게 만드는 수행이다."
즉, 어떤 운명이든 그것을 어떻게 바라보고,
어떤 마음으로 사는지가 더 중요하다는 뜻이다.

5. 전생과 윤회는 믿어야 할 것일까?

불교는 믿음을 강요하지 않습니다. 부처님은 말씀하셨습니다.
"믿기 전에 관찰하라. 실천하고 경험한 후, 네 마음에 스스로 물어보라."
전생이나 윤회는 과학처럼 증명할 수 없지만,
"지금 내가 어떤 마음을 쓰느냐가 나의 미래를 만든다"
라는 통찰은 지금 이 순간에도 검증 가능한 진리이다.

불교는 사후 세계, 지옥, 천사라는 개념을 상징적이며 정신적 상태로 본다.
죽음 이후, 마음이 어떻게 흘러가느냐에 따라
'다시 태어나는 세계(六道輪廻)'가 결정된다고 보았다.
이것은 단지 죽음 이후뿐 아니라, 지금 이 순간의 상태로도 설명된다.
- 탐욕에 붙들린 삶은 아귀의 세계
- 분노와 원망으로 가득한 마음은 지옥의 세계
- 이해와 자비가 피어나는 마음은 천상의 세계

우리는 지금 이번 생에서 이미 어떤 세계에 사는가를 경험하고 있다.

6. 내가 받은 삶을 어떻게 살 것인가?

'내가 왜 이렇게 태어났을까'라는 질문은
결국 '내가 어떻게 살아갈 것인가'로 옮겨가야 한다.
부처님은 과거에 갇히지 말고, 팔정도의 길을 걸으라고 하셨다.

- 올바르게 보고 (정견),
- 올바르게 생각하고 (정사유),
- 올바르게 말하고 (정어),
- 살생, 도둑질, 사음을 하지 않고 몸으로 선한 행동 (정업)
- 올바르게 살아가며 (정명),
- 집착에서 벗어나 (정정진)
- 지금 이 순간 깨어 있는 삶, 바른 마음 챙김 (정념),
- 바른 집중을 통한 선정 상태 (정정).

팔정도를 실천하면 업은 더 이상 나를 지배하는 것이 아니라,
내가 바뀌어 가는 마음의 이력서가 된다.

7. 불경 구절

『증일아함경』에서 설파하는
"업은 나의 소유이며, 나의 상속자이다. 지은 대로 그 결과를 받는다."
『법구경』에서의 말씀
"현재의 행동이 미래의 문을 연다."
이들 불경에서의 말씀은 인간 세상과 업의 연관을 잘 설명하고 있다

8. 내 마음의 씨앗은 무엇인가?

조용히 눈을 감고 명상에 들어보자
오늘 내가 뱉은 말 한마디, 행동, 마음에서 반복한 생각 하나를 떠올려보자.
그 생각이 씨앗이 되어, 내일의 나를 만든다고 상상해 본다.
"그 씨앗이 분노였다면, 어떤 열매가 열릴까요?
자비였다면, 또 어떤 향기가 날까요?"

"나는 지금, 어떤 업의 씨앗을 심고 있는가?"
그 물음에 귀 기울이면, 삶은 달라지게 된다.

9. 업과 전생에 관한 메시지 문구

- 당신의 오늘은, 어제의 마음이 만든 열매입니다.
- 업은 징벌이 아니라, 마음의 발자국입니다.
- 과거는 바꿀 수 없지만, 지금의 선택은 미래를 바꿉니다.
- 전생은 기억나지 않지만, 업은 지금도 내 삶을 설계하는 중입니다.
- 운명이란 이름 아래 무기력해지지 마세요.
- 전생이 무엇이든, 오늘은 당신이 새롭게 쓰는 첫 문장입니다.

10. 오늘의 마음 다스리기

"나는 나의 과거를 얼마나 자주 탓하고 있는가?"
"내가 반복하는 습관적 반응은 어떤 업의 흔적일까?"
"이 삶을 나의 선택으로 새롭게 써 내려갈 수는 없을까?"

오늘의 실천
- 나를 힘들게 했던 한 사람을 떠올리며, 그가 행복하길 기도하기.
- 오늘 하루, 누군가를 용서할 수 있는 작은 말 한마디 해보기

제24장. 욕망의 거울 앞에서

거울 앞에 선다
아침에 일어나 세수를 하고, 머리를 손질하고, 옷을 고르며
오늘 하루의 '나'를 조율한다.
그 거울 앞에는 얼굴만 있는 것이 아니다.
욕망도 서 있다. 조용히, 그러나 확고히.
요즘 나는 어떤 걸 원하고 있을까?
좋은 집, 더 많은 팔로워? 누군가의 인정? 혹은 '나'만의 브랜드?
욕망은 '있는 그대로의 나'를 보는 것보다 '되고자 하는 나'를 보게 한다.
그래서 거울은 자주, 왜곡된다.

1. 욕망은 나쁜 것이 아니다.

불교는 욕망을 모두 악으로 보지는 않는다.
갈망(渴望)과 지혜(智慧)는 다르다.
어떤 것을 바란다는 사실 자체는 문제가 아니고,
단지 문제가 되는 것은 그 욕망이 나를 어디로 이끄는가? 하는 것이다.
집착의 늪인지? 성장의 길인지?
부처님은 출가 전, 왕자로서 부와 권력, 감각적 쾌락의 극치를 누리셨지만,
그것들이 내면의 공허를 메우지 못한다는 사실을 알고 욕망의 불을 끄셨다.

2. MZ 세대, 욕망의 시대를 걷다.

우리는 정보와 이미지의 시대를 산다.
SNS를 켜는 순간, 다른 누군가의 삶이 눈 앞에 펼쳐진다.

그들은 멋지다. 생기기도 잘생겼고, 부자이고, 생활에 여유가 있어 보인다.
그런 사람들을 보며 나도 모르게 욕망을 품는다.
"나도 저런 차를 타고 싶어."
"나도 저런 집에 살고 싶어."
"나도 저렇게 인정받고 싶어."
그러는 가운데 지금의 나는 부족하고, 초라하고, 뒤처진 것처럼 느껴진다.

3. 부처님은 욕망을 어떻게 보셨을까?

『법구경』 제25장에서는 이렇게 설하고 있다.
"탐냄과 성냄은 세상의 병이요. 어리석음과 무지는 화에 이르는 문이다.
욕망의 불이 타오르니, 그 불을 따라가면 끝없는 생사(生死)가 계속된다."

욕망은 불과 같다.
온기를 주기도 하지만, 조절하지 않으면 모든 것을 태운다.
부처님은 욕망을 없애라고 하신 것이 아니다.
욕망이 일어나더라도, 그것이 나를 끌고 가지 않게 하라고 하셨다.

4. 내가 욕망하는 것은 정말 나의 것인가?

이 질문은 꽤 아프지만 우리를 성찰하는 데 꼭 필요하다.
내가 소망하는 삶, 정말 내 안에서 올라온 것일까?
아니면,
부모의 기대, 사회의 기준, 알고리즘이 반복적으로 보여주는
이미지에서 세뇌되어 나온 결과물일까?

불교는 자기 내면의 소리를 듣는 종교이다,
다른 이의 잣대보다, 내가 진심으로 바라는 것이 무엇인가?
고요한 마음으로 나를 다시 살펴보면,
비로소 우리는 욕망의 실체를 정확히 볼 수 있다.

5. 욕망과 자존감

어떤 욕망은 자기를 부정함에서 나온다
"지금의 나는 부족하다."
"지금 이대로는 사랑받을 수 없다."
"이걸 가지지 못하면, 나는 무가치하다."
하지만 부처님은 말했다.
"너는 이미 충분하다.
다만, 그것을 모르고 있을 뿐이다."-『숫타니파타』

욕망은 때때로 자신을 더 나은 존재로 만들기 위한 동력이 되지만,
자존감이 낮을 때는 나를 지우기 위한 무기가 되기도 한다.

6. 욕망을 다스리는 법

불교에서 욕망을 다스리는 핵심은 지켜보는 힘(정념)이다.
욕망이 일어날 때 그것을 억누르지 않고
"지금 내 안에 이런 갈망이 일어나고 있구나"라고 알아차리는 것.
알아차림은 욕망을 멈추게 하지는 않지만, 욕망에 끌려가지 않게 해준다.
그것이 바로 자유다.
"보라. 바라보는 것만으로도 마음은 고요해진다." -『잡아함경』

7. 나를 키우는 욕망

모든 욕망이 독은 아니다. 어떤 욕망은 나를 키운다.
사람을 사랑하고 싶은 욕망,
세상을 밝히고 싶은 욕망,
배우고 성장하고 싶은 갈망 등의 욕망은
자신을 초월하게 만들며, 나만이 아닌 타인까지도 향하게 한다.
불교가 권하는 삶은
자신의 욕망에서 자비와 지혜로 향한 욕망으로 나아가는 길이다.

8. 이번 장을 마치며 – 거울 앞에서

거울은 있는 그대로를 비추지만, 때때로 마음의 상태가 거울을 흐린다.
욕망은 우리에게 "이거 더 가져야 해"라고 속삭이지만, 불교는 되묻는다.
"지금 이대로도 괜찮은 나를, 왜 그렇게 밀어붙이고 있니?"
산사에 오르며, 한 번 정도는 욕망의 거울 앞에 서 보자.
그 거울 속의 나를 불쌍해하지도 말고, 과도하게 포장하지도 말고
그저 조용히 마주 보자.

그것이 깨달음의 시작일지도 모른다.

제25장. 인연으로 맺고, 자비로 기른다

"가정은 수행의 시작이며, 깨달음의 거울이 될 수 있다." 『증일아함경』
결혼은 삶의 도피처인가, 수행의 장인가?
지금은 젊은이가 결혼을 망설이는 시대이다.
아니, 요즈음 세대는 결혼을 선택하지 않는 이들이 많아졌다.

사랑은 해도 결혼은 안 하겠다는 사람,
결혼은 했지만 아이는 낳지 않겠다는 사람,
아예 혼자 살겠다는 사람도 늘어난다.

부처님은 어떠셨을까?
부처님은 결혼 생활을 경험해보고 출가하신 분이다.
사랑하는 아내 야소다라와 아들 라훌라를 두고도 출가를 결행하셨다.
그렇기에 결혼과 가정에 대해 피상적으로 말하지 않으셨다.

수많은 사람들은 불교를 '출가자의 종교'로 생각한다.
그러나 진리를 탐구하는 일은 출가자만의 길이 아니다.
부처님께서 설법하신 대부분의 대상은 재가자였다.
즉, 결혼한 사람들, 가족이 있는 사람들이 설파의 대상이었다.
『증일아함경』에는
좋은 배우자의 조건,
가정을 이루는 도덕,
부모가 자식을 기르는 마음,
자식이 부모를 공경하는 자세 등이 상세히 나온다.

불교 초기 경전인 '숫타니파타'에 이런 말씀도 있다.
"집에 살면서도 마음이 청정하면, 그는 출가한 이보다 더 고귀하다."

가정은 도피처가 될 수도 있고, 반대로 수행의 장이 될 수도 있다.
결혼은 함께 성장하는 인연으로서
부처님은 결혼을 신성시하지도, 부정하지도 않으셨다.
다만, 『잡아함경』에서 세존께서는
"부부가 함께 살아가되
믿음이 같고, 계율이 같고, 베품이 같고, 지혜가 같으면
다음 생에서도 함께하리라."라고 설하셨다.
결혼은 인연이다.
하지만, 그 인연은 맺는 것보다는 맺고 나서 가꾸는 것이 더욱 중요하다.
험한 세상 살다 보니 사랑이 식었다고?
사랑은 원래 식는 것이고, 그 뒤를 자비와 책임이 이어받아야 한다.

1. 출생과 육아에 대하여

부처님은 아이를 낳고 기르는 것을 죄라고 하지 않으셨다.
다만, 자식을 소유물처럼 여기고 내 뜻대로 키우는 집착을 경계하셨다.

『법구경』에서 부처님께서 설하신 말씀,
"자식이 태어나는 것은 기쁨이지만,
기쁨이 곧 근심이 되지 않게 하라."
라는 말씀은 육아의 어려움을 중생에게 잘 알려주는 시사이다.
육아는 자비의 연습이다.
어린 생명을 있는 그대로 받아들이고, 기다려주어,
성장의 여백을 허용하는 보람이 있고 가치가 있는 일이다.
아이에게 해줄 수 있는 가장 큰 선물은
너는 사랑받기 위해 태어났다는 사실을 확신하게 하는 일이다.
동시에 부모는 그 사랑을 자식에게 줄 수 있을 때 함께 성장한다.

2. 가족이라는 업과 은혜

가족은 전생의 인연일 수도 있고,
현생에서 새로 맺은 인연일 수도 있다.
세상에는 좋은 가족도, 괴로운 가족도 있다.
부처님은 『장아함경』에서 말씀하신다.
"과거에 지은 업이 있기에 지금 이 가족으로 태어난 것이다.
그 인연을 깨달음의 씨앗으로 삼을 수 있다."
부모가 자식을 키우는 것은 은혜요
자식이 부모를 봉양하는 것은 보은이다.
부모와 자식의 두 가지가 균형을 이룰 때,
가정은 탐욕의 터전이 아니라 수행의 공간이 된다.

3. 홀로서기와 함께 걷는 사이

혼자 외로이 살아가는 이들이 늘어나고 있다.
결혼하지 않고 아이를 낳지 않아도,
충만하게 살아가는 사람들이 있다.
불가는 그것을 부정하지 않는다.
모든 삶의 방식에는 고유한 가치가 있다.
다만, 혼자의 길이라도 연결을 끊지 말라고 한다.
『장아함경』에서도 설파하셨듯이
사람은 인연의 그물 속에 살아간다.
누군가의 자식으로 태어나고, 누군가와 친구 그리고 이웃, 동료가 된다.
모든 인연은 나를 비추는 거울이다.

4. 마무리- 다시 가족이 된다

가족은 상처일까? 은혜일까?
어떤 이에게는 지긋지긋한 굴레, 어떤 이에게는 포근한 안식처이다.
불교는 말한다. "가족은 도피처가 아니라 도량(道場)이라고……"

결혼도, 출산도, 육아도 깨달음의 길과 연결될 수 있다.
단지 바라보는 눈이 달라져야 한다.
나를 중심에 두고 가족을 바라볼 것인가?
아니면, 가족을 통해 나를 돌아볼 것인가?

가족은 바라보는 눈이 달라져 있을 때,
가족은 나를 얽매이는 사슬이 아니라, 마음을 닦는 정원이 된다.

제26장. 자비와 책임의 교육
-부모와 자식 사이

부모와 자식 간의 인연을 가장 잘 설파한 불경,
『중일아함경』에는 다음과 같은 말씀이 있다.

"부모는 자식을 수천 억겁의 연으로 얻었으니 책임으로 사랑해야 하고,
자식은 천년만년 산해진미로 부모에게 봉양하고,
고래등 같은 집을 짓고 값진 옷을 부모에게 바치더라도
부모 은혜를 모두 갚은 것이라고 위안하지 말라.
자식은 부모 덕분에 태어난 존재이니,
부모에게 항상 효도하고 공경하되 때를 놓치지 말라.
부모는 자식을 사랑하고, 자식은 그 사랑에 깨어 있어야 한다.
부모와 자식이 서로를 깨운다면, 그 집에는 법(法)이 깃든다."

1. 부모와 자식, 선택된 인연으로서 불교는 말한다.

부모와 자식과 관계는 우연이 아니라 필연이라고.
그 필연은 단순히 피로 맺어진 것이 아니라,
전생의 업(Karma)과 서원(誓願)에 따라 연결된 깊은 연기이다.
『잡아함경』에서 설하듯이
"전생의 업이 씨앗이 되어, 이번 생에서 부모로, 자식으로 다시 만난다."
어떤 이는 말한다.
"나는 왜 이런 부모를 만나야 했을까?"
"왜 우리 아이는 나를 힘들게 할까?"
그 질문은 곧 업과 인연의 관계를 되돌아보는 기회가 된다.

사랑은 자연스럽지 않다

우리는 사랑이 자연스럽게 흐르는 것이라고 생각하지만,

사실 부모와 자식 간의 사랑조차 노력 없이는 지속되기 어렵다.

부모는 자식을 위해 모든 것을 바치지만,

자식이 그것을 감사함으로 받아들이는 일은 쉽지 않다.

그리고 자식이 부모를 이해하기 시작할 무렵이면,

부모는 이미 우리 곁에 없다.

불교 초기 경전인 『숫타니파타』에서는

"가장 가까운 인연일수록 수행이 필요하다."라고 한다.

가족이기 때문에

당연히 이해할 것이라는 기대,

자연스럽게 존중할 것이라는 착각.

이런 생각에 함몰되면 오히려 가족 간의 서로에게 큰 상처를 남긴다.

2. 부모의 자비, 자식의 책임

불교는 부모가 자식을 어떻게 기르고,

자식은 부모에게 어떤 도리를 다해야 하는지를 구체적으로 제시한다.

『증일아함경』에 나오는 "자식의 다섯 가지 도리"를 살펴보면
 1) 부모를 공경할 것
 2) 부모의 은혜를 되갚으려고 애쓸 것
 3) 가문을 더럽히지 않을 것
 4) 재산을 아끼며 유지할 것
 5) 죽은 뒤에도 부모를 공양하고 회향할 것

이것은 단순한 효도 목록이 아니다.

이 다섯 가지는 '마음의 자세'를 말한다.

부모가 자식에게 준 생명에 깨어있고,

그 은혜를 자각하여 살아가려는 수행자의 태도이다.

3. 자식의 개성, 집착의 시대

부모는 자식을 사랑하면서도
자신의 기준에 맞추려는 강한 유혹을 받는다.
"내가 널 어떻게 키웠는데"라는 말 속에는 사랑, 집착이 뒤섞여 있다.
하지만 부처님은 『법구경』에서 말씀하신다.
"누구도 누구를 대신해서 깨달을 수 없다."
자식은 부모의 도구가 아니다.
그는 나와는 다른 인격체이자, 하나의 수행자이다.
부모는 자식을 사랑으로 키우되, 자식의 삶을 대신 살 수는 없다.

4. 교육이란 사랑을 배우는 방식

불교에서 교육은 단지 지식을 주입하는 일이 아니고,
자비를 전달하는 방식이다.
즉, 말로 가르치기보다 자신의 삶으로 보여주는 것이다.
부모가 자비로움 속에 살면, 자연히 자식은 그 삶을 따라간다.
아이에게 가장 깊은 교육은
부모가 마음공부를 하는 모습을 보여주는 것이다.
그것이 가르침 이전의 향기이다.
세존의 교설을 법수(法數)로 편찬한 『증일아함경』에는
이에 대한 말씀이 명확히 잘 정리되어 있다.
"말보다 행동이, 지식보다 마음이 아이의 일생을 성공적으로 이끈다.'

5. MZ 세대, 부모가 된다는 것

요사이 MZ 세대 중 일부는 부모가 되길 주저하는 사람들이 있다.
가정을 꾸리는 것보다, 자신의 삶을 더 단단히 세우고 싶다고 한다.
모두 맞는 행위이기도 하다.
그러나 불교는 이렇게 되묻는다.
"너는 무엇을 남기고 떠날 것인가?"

꼭 아이를 낳아야 하는 건 아니다.
하지만 누군가의 마음에 온기를 전하는 삶은 누구나 선택할 수 있다.
이것이 자비의 전수이다.
이것이 진짜 교육이다.

6. 마무리 – 연습 없는 사랑은 없다

부모와 자식은 가장 가까이 있으면서도
서로를 이해하기 가장 어려운 존재일 수 있다.
그래서 부처님은 가족 안에서도 수행의 정신을 잊지 말라 하셨다.

사랑은 저절로 되는 게 아니다.
그것은 매일 연습하는 마음공부이다.
자비는 말이 아니라 기다림이고,
책임은 말이 아니고, 함께 성장하는 태도이다.
그렇게 했을 때, 가정은 작은 도량이 된다.

제27장. 다시 피어나는 마음
-상처 위에 피는 연꽃처럼

산사에서 수행 중 어떤 스님이 하신 말씀,
"진흙이 없다면 연꽃도 없다."

1. 삶의 바닥에서

그는 몇 년 전, 감옥에서 나왔다.
젊은 날, 순간적 잘못된 선택 하나로 삶은 일시에 바닥으로 떨어졌다.
주변 사람들은 그를 멀리했고, 가족은 등을 돌렸다.
그러나 그가 가장 두려워한 건 차가운 외면이 아니라,
자기 자신을 스스로 다시 믿을 수 없다는 절망이었다.
출소 후 우연히 들른 어느 산사에서 그는 한 스님을 만났다.
말없이 마주 앉아 있던 그에게 스님이 조용히 건넨 한마디,
"그대가 지은 죄는 지웠으면 된다.
그대가 지닌 마음은 다시 새로이 만들면 된다."
스님의 눈빛에는 편견이 없었다.
그때 그는 비로소 나도 다시 시작할 수 있다는 생각을 품게 된다.

2. 고통은 누구에게나 있다

일반적으로 어려운 처지에 놓인 사람들은 말한다.
"보육원 출신이라 재생이 힘들다."
"이혼 후에 마음이 산산이 부서져 내렸다."
"사업에 실패해 재기할 기운을 잃고 거리에 나앉았다."

이런저런 사연이 있겠지만, 고통은 형식을 가리지 않는다.
인간은 어느 순간에도 무너질 수 있고, 다시 일어설 수도 있다.

『법구경』에 이런 말씀이 나온다.
"어떤 사람도 과거의 죄업에서 자유롭지 않다.
그러나 그 죄업에 머물지 않는 이, 그가 바로 청정한 사람이다."

지금 힘들다고 해서, 인생 전체가 끝난 것은 아니다.
길은 언제나 다시 이어져 있다.

3. 연기– 이 고통은 너 때문도 나 때문도 아니다.

불교는 세상의 모든 일을 연기(緣起),
즉, 인연 따라 일어나는 현상이라 설명한다.
언제인가 산사에 오른 보육원의 청소년 한 명이 물었다.
"왜 우리 부모는 날 낳고 버렸을까요?"
"내가 잘못한 건 아니죠?"
스님은 그의 눈을 바라보며 조용히 대답했다.
"그대의 고통은 그대의 잘못도, 부모의 잘못도 아니다.
삶은 수많은 인연들이 얽혀 만든 그물 같은 것이니라."
우리가 살면서 접하게 되는 가난, 외로움, 이혼, 죽음.
그 모든 일에는 무수한 조건과 원인이 있다.
단순히 한 사람의 탓도, 우연히 접하는 한순간의 실수도 아니다.
그대의 죄도 그대의 탓이 아니다.
그런 연유를 알면 결코 스스로를 자책할 필요가 없다..

4. 무아– 나는 바뀔 수 있는 존재

불교에서는 무아(無我)를 설한다.
즉, '고정된 나란 없다'라는 말이다.
당신은 어제와 같은 사람이 아니다.

마음이 바뀌면, 행동도 바뀌고,
행동이 바뀌면, 습관이 바뀌고
습관이 바뀌면, 인격이 바뀌고
인격이 바뀌면, 인생도 달라진다.

달마대사의 법통을 이어받아 중국 선종의 6대 조사가 된 육조혜능께서
『금강경』을 읽다가 깨달음을 얻는 계기를 만들어준 구절,
응무소주 이생기심(應無所住 而生其心:마땅히 머무는 바 없이 마음을 챙겨라)

마음이 바뀌면 인생이 바뀐다는 가르침입니다.
"어디에도 집착하지 말고, 지금 이 자리에서 새 마음을 내라."
지금의 고통에 머물지 않고,
새로운 나로 태어나려는 그 마음 하나가 바로 수행이다.
실패했다고 끝난 것이 아닙니다.
실패를 바라보는 마음이 달라지면, 그 순간이 곧 새로운 문이 된다.

5. 제법무아– 모든 존재에는 "나"라는 실체가 없다.

불교의 핵심 가르침 가운데 하나인 제법무아(諸法無我).
모든 존재에는 영속적인 자아(아트만,我)가 없다는 뜻이다.
여기서 말하는 제법(諸法)은 세상의 모든 현상,
즉 인간, 자연, 마음, 심지어 불교의 진리까지도 포함된다.

『잡아함경』 제45권에서 부처님은 이렇게 말씀하신다.
"색(물체), 수(느낌), 상(지각), 행(욕구), 식(의식)도 모두 무아이니라."

나의 이 몸과 마음조차도 수없이 변하는 다섯 가지 요소인 오온(五蘊)
즉, 색(色), 수(受) 상(想) 행(行) 식(識)으로 구성된 무상한 흐름일 뿐이다.
고정된 실체는 없고, 모든 것은 원인과 조건에 의해 일어났다가 사라진다.
이것이 바로 연기(緣起)의 원리이다.
또한, 제법무아의 실체적 배경이다.

6. 무아는 허무주의가 아니다
-수행의 전제이자 자각의 출발점

무아를 오해하면 이런 생각이 들기 쉽다.
"나도 없고, 실체도 없는데, 그냥 흘러가는 대로 살면 되지 않나?"
그러나 부처님은 무아를 깨닫고 나서 더 적극적으로 사셨다.
부처님의 삶은 가르침과 자비를 실천하는 연속이었다.
무아는 "아무것도 없다"는 허무가 아니다.
집착에서 벗어날 수 있는 자유"이며,
정형화된 자아가 없기에 변화할 가능성이 있음을 뜻한다.
이것이 무아의 본질적 의미이자, 수행의 출발점이 된다.

7. 가아(假我)와 진아(眞我)– 불교의 입장

가아는 '일시적 나, 즉 지금 내가 나라고 여기는 존재이다.
이름이 있고, 몸이 있고, 과거가 있고 감정이 있는
우리가 통상적으로 일상의 생 속에서 존재하는 '나'를 일컫는다.
진아는 변하지 않는 영원한 자아(atman)라는 개념으로서
불교에서 부정하는 개념이다.
부처님은 중아함경에서 이같이 설파하셨다.
"어떤 것도 내가 아니요, 내 것도 아니며, 나의 자아도 아니다"
따라서 불교에서는 '진아'를 찾으려 하기보다는
무아의 지혜를 통해 마음의 집착을 놓는 것에 집중한다.

8. 무아와 공의 실천적 의미

1) 오늘을 어떻게 살아갈 것인가?"
- 지금의 나에 집착하지 말라.
  지금의 감정, 신분, 외모, 상황은 영원하지 않다.
- 변화 가능성에 주목하라.
  고정된 자아가 없기에, 우리는 언제든 스스로 재정의할 수 있다.

오직 의지적 선택이 중요하다.
무아이기 때문에 지금의 선택이 미래의 나를 만든다.

2) 능동적 연기를 일으켜라.
수동적으로 조건에 따라 살기보다는
오늘의 나와 세상을 형성하는 주체가 되도록 노력한다.

3) 삶은 바뀔 수 있다.
–연기 속에서 피어나는 의지.
부처님은 인간으로 태어난 것을 "깨달음의 기회"라 칭하셨다.
무아와 공은 결코 무력함을 뜻하지 않는다.
"나는 고정된 존재가 아니니, 지금부터 새롭게 태어날 수 있다"
라고 하는 희망을 선언하는 것이기도 하다.
"내가 지금의 나에 머물지 않겠다는 결심이 내 삶을 다시 빚는다."

맺음 게송
"나를 집착하니 고통이 따라오고, 무아를 깨달으면 자유가 머문다."

9. 무상 – 변하지 않는 고통은 결코 없다

부처님은 모든 것은 변한다(無常)라고 하셨다.
슬픔도, 고통도, 절망도 영원하지 않다.
이름 없는 어느 구도자의 기도문 중에서 한 구절을 살피고자 한다.
"비가 오면 그치고, 밤이 오면 새벽이 온다."
당신이 겪는 오늘의 고통도 어쩌면 내일의 지혜가 될 것이다.
진흙탕 속에서 피어나는 연꽃처럼,
상처 입은 마음도 언젠가 맑아질 수 있다.

10. 희망은 결코 멀리 있지 않다

어떤 노숙인이 산사에 들려, '잠시 앉았다가 가겠노라'라고 했다.

얼마 후, 그는 이내 대청마루를 닦고, 작은 연등을 밝혔다.
그리고 경전을 읽기 시작했다.
산사의 스님이 웃으며 말했다.
"그대는 이미 부처님 곁에 있구려."
그 노숙인은 자신도 모르게 삶이 다시 시작되고 있었던 것이다.
당신의 삶도 마찬가지이다.
지금, 이 순간!
당신은 이미 부처님 곁에 있는지도 모른다.

11. 서원과 회향은 희망을 일깨우고 업력을 세운다

1) 서원이란 무엇인가?

우리는 살아가면서 많은 소원을 지닌다.
개인적 원하는 바를 간절히 바랄 때,
때로 희망의 빛이 비치기도 한다.
개인적 원하는 바를 소원이라고 한다면,
불가에서는 모든 중생을 위해 소원을 비는 서원이 있다.

소원은 '이런저런 개인 사유가 이루어지길 바랍니다'로 시작하지만,
서원은 '나는 그리 살겠습니다'라는 다중을 향한 다짐이다.
불자에게 서원이란
자신만의 해탈이나 평안을 위한 것이 아니라,
모든 중생을 향해 함께 가겠다는 맹세로써 큰 의미를 지닌다.

화엄경 보현행원품에서는 보살의 서원을 이렇게 말한다.
"중생이 남아 있으면 나는 열반에 들지 않겠다."

서원은 다 이루기 어려운 말 같지만, 그 마음이 바로 보살행의 시작이다.
'나만 편하면 돼'라는 생각에서 벗어날 때,
불자의 삶은 비로소 커지고 깊어진다

2) 회향이란 무엇인가?

회향(廻向)은 자신이 지은 공덕을 자신만을 위해 축적하지 않고,
다른 존재들에게 되돌려 보내는 것이다.
예컨대, 내가 명상을 했거나, 기도를 했거나, 보시를 했을 때
그 복덕을 "모든 중생이 고통에서 벗어나길"하고 서원하는 것이다.
화엄경 보현행원품에는
"모든 공덕을 돌아보아 일체 중생과 나누노라."라는 말씀이 있다
회향의 마음은 업을 맑게 하고, 자기중심적인 삶을 부드럽게 풀어준다.
부처님께서는 늘 회향하셨다.
제자들에게 법을 설하고,
그 법이 이 세상 모두에게 이익이 되기를 바라셨다.
회향은 내가 한 행위를 공동체에 돌려주는 순환의 정신이다.

3) 서원과 회향, 이 둘이 삶을 마무리하는 방식

삶의 마지막 순간, 우리가 할 수 있는 가장 고귀한 수행으로
이것을 설명하기 위해 가장 중요한 두 가지를 이야기하기로 한다.
- 바른 기억(正念)
- 바른 발원(正願)을 통해

"이번 생의 마지막에 내가 무엇을 향해 서 있는가?"
"나의 이 마음이 어디로 향하는가?"
죽음은 종말이 아니라 서원과 회향으로 이어지는 삶의 순환이다.
내 삶이 나를 넘어 누군가의 이정표가 된다면,
그것은 더 이상 작은 개인의 죽음이 아닌 것이다.

4) 오늘 여기에서, 서원과 회향을 시작하자.

서원과 회향은 죽음 직전에만 필요한 것이 아니다.
매일의 삶에서도 우리는 마음을 향하고, 행동을 회향할 수 있다.
오늘 하루를 살아가면서 생긴 짜증과 불만을,

"이것 또한 누군가를 위한 수고였다"라고 회향할 수 있다.
나의 공부, 나의 기도, 나의 노력 모두를
"이 세상이 조금 더 따뜻해지기를…"하는 마음으로 회향할 수 있다."
"내가 행한 선행을 지금 아파하는 누군가에게 전해지기를 바란다"
라는 마음으로 서원을 보내는 것은 가장 아름다운 회향 중 하나이다.

5) 서원과 회향이 남긴 삶 – 부처님처럼 걷는 사람

부처님은 완전한 해탈을 이루신 후에도, 혼자 열반에 들지 않으시고,
다시 중생과 함께 45년간을 더불어 걸으셨다.
이것이 바로 최고의 서원이며, 완전한 회향이다.
우리가 그렇게 살 수는 없더라도, 작은 마음 하나를 매일 보태며,
부처님께서 가신 길을 걷는 사람이 될 수는 있다.

- 내 삶이 누군가에게 안식이 되기를
- 내 말의 한 마디가 누군가의 상처를 덜어주는 계기가 되기를
- 내 죽음이 누군가의 삶을 깨우는 계기가 되기를

이것이 불자가 마지막으로 남길 수 있는 향기이다.

이제 서원과 회향에 대한 글을 맺는 게송을 전하고자 한다.

공덕을 나누니 내 것이 아니고
마음을 돌리니 길이 이어지네
끝은 다만 새로운 인연의 문
오늘 이 삶, 온전히 회향하노라.

오늘의 실천
- 오늘 하루의 좋은 일을 회향하자.
- 이 공덕이 누구에게 닿았으면 좋겠노라고 마음속으로 빌어본다.
- 작은 서원을 써본다.
- 나는 누구를 위해 살고 싶은가?

"내가 죽은 후 어떤 향기가 남기를 바라는가?"
- 내 삶에 도움을 준 이들에게, 당신 덕분에 여기까지 왔노라고 감사한다.

이 장의 가르침을 다음의 시문으로 맺음하고자 한다.

꺾인 가지에서
꽃은 다시 피어나고
짓밟힌 마음 위에
연기 따라 사라지고,
연기 따라 다시 태어난다.

오늘의 실천
- 오늘 하루, 자신에게 조용히 말해보자.
 "지금 이대로 괜찮다."
- 남이 원망스러워지거나, 나를 탓하는 마음이 올라올 때,
 "이 또한 인연을 따라 온 것"이라 말해보라.
- 벽에 부딪혔다면 방향을 바꾸면 된다.
 '멈춤'은 실패가 아니라, 전환이기 때문이다.

제28장. 죽음과 이별

1. 죽음- 피할 수 없는 운명

산사의 이른 아침, 댓잎 위에 고인 물방울이 조용히 떨고 있었고,
마당의 한켠, 누군가 남긴 흰 국화 한송이가 바람에 흔들리고 있었다.
이때 산사를 찾은 한 사람이 스님께 여쭈었다.
"죽음이 무섭습니다."
그러자 스님은 물끄러미 산 너머를 바라보시며 말씀하셨다.
"죽음은 먼 곳에 있지 않네. 늘 곁에 있지만, 늘 잊고 사는 것뿐이지."
누구나 겪지만, 아무도 말하지 않는 것, 바로 죽음에 관한 것이다.

우리는 자주 사랑을 말하고, 꿈을 말하고, 희망을 말한다.
그러나 죽음은 어색하고, 낯선 단어로 취급된다.
죽음을 부르면 마치 당장이라도 다가올 것처럼,
죽음을 마주하면 심신이 약해질 것처럼,
저만큼 거리를 두고 죽음을 외면하고 속으로만 되뇐다.
하지만 부처님은 오히려 죽음을 정면으로 바라보는 수행을 가르치셨다.
"아침에 눈을 뜨거든, 오늘 하루를 마지막인 듯 살아라.
저녁에 눈을 감거든, 오늘을 무사히 살아온 것에 감사하라."
부처님께서 『증일아함경』에서 설하신 말씀은
죽음을 생각하는 것은 불길한 일이 아니라, 진정한 삶의 시작점이 된다.

2. 이별- 사랑의 또 다른 얼굴

산사에 머물던 어느 날, 나는 한 분의 노 보살님을 만났다.
평생을 함께한 남편을 먼저 보내고, 그해 겨울 산사를 찾았다고 한다.

"말없이 사라지더군요. 그날도 평소처럼 나가서, 그냥 안 들어왔어요."
그 말의 끝에 길게 침묵이 흘렀다.
그녀는 찻잔을 들고, 찻물 속에 젖어 들 듯이 말을 이었다.
"그 사람의 빈자리에 제가 자꾸 말을 걸어요."
"오늘 먹은 국은 짰다, 바람이 차다 등등, 들을 사람 아무도 없는데도."

우리는 누군가를 사랑한 만큼, 그의 부재도 함께 살아간다.
이별은 끝이 아니라, 사랑의 또 다른 방식으로 다가오는 법이다.

3. 부처님이 말하는 죽음의 지혜

『법구경』 제277게(偈)
"생(生)하고 멸(滅)하는 것이 법의 이치이요,
멸하고 다시 생기지 않는 것이 해탈이니라"라는 말씀에서 보듯
세존께서는 생멸에 대한 진리를 통해 죽음의 지혜를 설하셨다.

우리는 삶을 중심에 두고 죽음을 외면하려 하지만,
사실 삶과 죽음은 동전의 양면처럼 하나다.
죽음이 없었다면, 지금 이 삶도 그리 귀하지 않았을 것이다.
그래서 부처님은 말씀하신다.
"죽음을 자각하면, 삶이 깨어난다.
죽음을 바라보는 마음은 삶을 껴안는 자비가 된다."

4. 놓아 보내는 연습

어느 날, 한 수행자가 부처님께 여쭈었다.
"어머니를 여읜 지 오래되었으나, 여전히 가슴이 저립니다.
수행으로도 그리움이 사라지지 않습니다.
저는 수행을 잘못하고 있는 것입니까?"
부처님은 조용히 웃으셨다.
"그대는 수행을 잘하고 있네.

그리움이 사라지는 것이 수행이 아니라,
그리움조차 껴안는 것이 자비의 수행이니라."

진정한 놓아 보냄은 잊는 것이 아니고, 그대로 품는 것이다.
아직도 그 사람의 숨결이, 말투가,
이제는 우리 마음의 한 자락에 스며있어,
때로는 바람처럼 다가오고, 때로는 눈물처럼 떠오른다.

5. 죽음을 안고, 삶을 걷다.

나는 이제야 조금 알 것 같다.
왜 어떤 스님들은 이른 새벽,
떠나는 꽃잎을 가만히 바라보다가
홀연히 합장을 하는가를……
그것은 떠남에 대한 슬픔의 표명보다는 존중과 감사의 표시였다.
살아있는 동안 우리는 많은 것을 흘리고,
때로는 후회하고, 원망도 한다.
그러나 죽음을 의식하면 삶이 투명해진다.
오늘 내가 하는 말, 오늘 내가 건네는 눈빛 하나도……

6. 남겨진 이들을 위한 위로

당신이 사랑했던 사람이 이미 저 너머로 떠났다면,
이 장이 당신을 위한 작은 위로가 되기를 바란다.

그 사람은 완전히 사라진 것이 아니다.
당신의 기억 속에서,
당신의 눈동자에 비친 풍경 속에서 여전히 조용히 머무르고 있다.
그리고 당신이 그를 떠올릴 때마다
그도 당신을 한번 더 드러낼 것이다.

7. 놓아 보냄은 잊음이 아니라, 기억을 새기는 법

죽음은 사라짐이 아니라 달리 우리 곁에 머무는 변화일 뿐이다.
그리움은 시간 속에 흐르고,
그 슬픔은 언젠가 당신의 눈물이 아니라,
누군가를 안아주는 손길이 될 것이다.

지금, 당신이 그 죽음의 문 앞에 서 있다면 겁내지 마시라.
죽음은 삶의 그림자가 아니라, 그 자체로 또 하나의 빛이다.

8. 삶의 끝, 또 다른 시작- 불교의 죽음관과 죽음 수행

불교에서 죽음이란 무엇인가?
불교에서는 죽음을 단순한 끝이 아니고,
업과 연기에 따른 하나의 전환으로 본다.
모든 존재는 생겨나고(生), 머물며(住), 변화하고(異), 사라집니다(滅).
이것이 '제행무상'의 원리이다.
잡아함경 제12권에 다음과 같은 구절이 나온다.
"태어남은 괴로움이고, 늙음도 괴로움이며, 병듦과 죽음도 괴로움이다.
이 괴로움을 벗어나는 길이 여기에 있다.
즉, 불교에서는 죽음은 고(苦)이지만.
고통을 통해 더 깊은 깨달음의 길로 나아갈 수 있는 문이기도 하다.

9. 죽음을 두려워하지 않는 이유 – 무아와 연기의 통찰

부처님은 죽음을 두려워하지 않으셨다.
그 이유는 '영원한 나'라는 실체가 없음을 아셨기 때문이다.
증일아함경에서 설하신 말씀,
"이 몸도, 이 감정도, 이 생각도 결코 "나"가 아니다.
모든 것은 조건이 지어졌고, 조건이 다하면 사라진다."
무아를 통찰하는 것은 죽음을 완전히 다르게 바라보게 한다.

"내가 없으니, 죽는 나도 없고,
죽음은 끝이 아니라 단지 인연이 다한 상태일 뿐입니다."

10. 죽음을 준비하는 수행

마라나사띠(死念) 수행법
- 매일 아침 이렇게 마음속으로 되뇌어본다.
 "나는 오늘 죽을 수도 있다. 그러니 오늘을 소중히 살겠다."
- 호흡 명상과 함께, 죽음을 생각해본다.
들숨에 "지금 숨 쉬고 있음이 귀하다."
날숨에 "지금 이 숨이 마지막일 수도 있다.

죽음을 미루지 않고, 죽음을 대화의 한 부분으로 받아들여 보자.
장례, 유언, 생의 마무리를 미리 준비하면
삶을 정직하게 정돈하도록 이끄는 힘이 생긴다.
죽음을 자각하는 삶은 지금을 더 선명하게 빛나게 한다

부처님께서는 "죽음을 늘 기억하라(마라나사띠)"라고 가르치셨다.
그것은 죽음을 두려워하라는 뜻이 아니며,
언제 죽을지 모른다는 사실이 현재를 깊고 또렷하게 만든다는 뜻이다.

11. 좋은 죽음이란 무엇인가?

불교에서 말하는 '좋은 죽음'이란
고통 없는 죽음이나, 편안한 죽음이 아니며,
집착을 내려놓고, 깨어있는 마음으로 맞는 죽음을 말한다.
증일아함경 제24권에는
"죽을 때, 이 마음이 탐욕 없이 평온할 수 있다면
그 죽음은 이미 해탈의 문을 열고 있다."라고 설한다.
죽음은 삶의 끝이 아니다.
마음을 다듬고 인연을 정리하며 떠나는 수행의 의식이다.

따라서 불자는 좋은 죽음을 위해 다음과 같이 준비한다.
- 가족과의 화해
- 자신의 재산과 유언의 정리
- 몸을 내려놓는 연습
- 마음의 집착을 내려놓는 연습

12. 불자의 죽음, 공동체의 의례

전통 사찰에서는
영가 천도재, 49재, 생전예수재와 같은 죽음 의례를 진행한다.
이런 의식은 단순한 기복이나 제의가 아니라,
산 자가 죽은 자를 기억하며,
스스로의 삶을 새롭게 다짐하는 수행의 시간이다.
염불과 법문, 다라니 독송은 중유의 영혼을 위한 진언이자,
남은 자의 마음을 정화하는 시간이다.

이번 장을 맺음 게송(偈頌)으로 마무리하고자 한다

죽음을 외면하지 않으니
삶이 더욱 선명해지고
죽음을 준비하니
삶이 더욱 고요해진다.

오늘의 실천
- 죽음을 하루에 한번 기억하기
  "내가 오늘 죽는다면 무엇을 후회할까?" 이 물음이 오늘의 방향을 바꿔준다.
- 가까운 이에게 고맙다고 전하기
  마지막 인사를 미루지 마세요. 매일이 마지막일 수 있으니까.
- 한 번의 호흡을 선물처럼 느껴보기
  숨을 들이쉬며 "이 숨이 참으로 귀하다"
  숨을 내쉬며 "이 숨도 언젠가는 멈춘다."

5부. 깨달음, 이것은 과연

〈김유찬 화백 원작〉

29장. 깨달음, 그것은 생각보다 가까운 말
-깨달음은 어떤 누군가의 전유물이 아니다

"깨달음이 뭐야?" 이 질문을 들으면,
우리는 어딘가 먼 세계의 이야기를 떠올린다.
보리수 아래에서 부처님이 홀로 우주의 진리를 꿰뚫는 순간,
혹은 오랜 시간 수련을 거친 고승이
어느 날 갑자기 눈을 번쩍 뜨며 말하는 한 마디, "아, 알겠다."
그래서 우리는 이런 생각에 이른다.
'나는 평생 깨달음이랑은 거리가 멀겠구나.'
하지만 부처님은 그리 말씀하지 않으셨다.
깨달음은 아주 먼 곳에 있는 것이 아니라,
지금 이 자리, 지금 이 마음속에 이미 있는 것이라고 말씀하셨다.
다만 그것을 우리가 자주 잊을 뿐이라고.

1. MZ 세대의 언어로: 마음의 OS를 바꾸는 일

MZ 세대에게 깨달음을 말하려면,
아예 운영체제를 바꾸는 것에 비유하면 좋다.
스마트폰을 오래 쓰다 보면 느려진다.
오류가 생기고, 배터리가 금방 닳는다.
이럴 때 단순히 앱 몇개 지우는 것으로 해결되지 않는다.
때로는 OS를 재설치하거나 업데이트해야 한다.

마음도 그렇다.
우리는 너무 오래 타인의 기대, 비교, 불안이라는 앱을 돌려 왔다.

주변에 끊임없이 반응하고, 남에게 보이기 위해 살아오다 보니,
마음이 느려지고, 고장이 잦다.
깨달음은 이 마음의 OS를 새로 깔아보는 일이다.
새로운 언어로 세상을 읽고,
새로운 감각으로 나를 바라보는 전환.
그것은 극적인 사건이 아닐 수도 있다.
그냥 어떤 날, 문득 이런 생각이 드는 것이다.
"내가 나일 뿐인 걸 그냥 허락해도 되지 않을까?"
그 순간 작은 깨달음이 시작된다.

2. 카톡 대화 속 깨달음의 싹

윤수: 나 요즘 너무 무기력해. 아무것도 하기가 싫고, 그냥 멍해.
나: 혹시 그 상태를 그대로 바라보아 본 적이 있어?
윤수: 그냥 탈진이라 생각했는데...
나: 나도 전에 그랬는데, 그게 나쁜 게 아니더라.
　　그냥 마음이 숨을 쉬고 싶어하는 신호와도 같아.
윤수: 오, 진짜? 난 그걸 무능하다고만 느꼈거든.
나: 그걸 있는 그대로 받아들이는 게, 작은 깨달음이더라.

우리는 늘 무언가 더 나은 나가 되어야 한다고 느낀다.
하지만 깨달음은 지금의 나도 괜찮다는 사실을 받아들이는 순간, 온다,
마치 오래된 친구를 다시 만나는 느낌처럼.

3. 부처님이 가르쳐준 "있는 그대로 보기"

불교의 핵심은 단순하다.
"있는 것을 있는 그대로 본다." 이것이 '여래(如來)'라는 말의 뜻이다.
있는 그대로 오신 분, 그리고 있는 그대로를 본 분이 바로 여래이다.
지금 이 순간, 내가 느끼는 감정, 떠오르는 생각.
이 모든 것은 다 흐르고 있는 현상일 뿐이다.

그 감정을 '좋다, 나쁘다'로 판단하지 않고 바라보는 것.
그것이 관찰하는 자의 눈이다.
또한, 그 눈을 갖는 것이 깨달음의 출발점이다.

불교는 깨달음을 삶의 극적 전환이 아니라,
삶을 꿰뚫어 보는 태도라고 말한다.
즉, 무엇이든 통제하지 않고,
억지로 바꾸려 하지 않으면서도,
선명하게 바라보는 마음이다.
깨달음은 작고 조용하다

MZ 세대는 빠른 변화, 강렬한 전환에 익숙하다.
그러나 깨달음은 조용하고, 미세하고, 아주 사소한 감각으로 다가온다.
- 친구의 말에 화가 났을 때,
  이 감정은 어디서 오는 걸까? 하고 잠깐 멈추는 것.
- 초조할 때,
  숨을 천천히 들이마시고 내쉬며 "지금 여기"를 다시 느끼는 것.
- SNS에서 타인의 성취를 보고 부러움이 올라올 때,
  그 감정을 단순히 '질투'가 아니라
  내 안의 가능성에 대한 갈망'으로 알아차리는 것.

이런 순간이 올 때, 작은 깨달음(한소식)이 온 것이다.
그 작은 소식들이 쌓이면, 마음은 천천히 다른 차원으로 옮겨 간다.

4. 오늘의 실천 – 나의 깨달음 기록하기
하루를 마무리하며, 이런 질문을 자신에게 던져보자.
- 오늘 어떤 순간, 나는 내 마음을 더 깊이 보았는가?
- 그 순간을 깨달음이라 부를 수 있을까?
- 내일은 어떤 나를 더 잘 알아보고 싶은가?

그리고 짧게라도 써보자.
"오늘 나는 이런 감정을 느꼈고, 그 감정을 이렇게 바라보았다."

5. 마무리하며 – 깨달음은 먼 곳에 있지 않다

깨달음은 위대한 사람들만 도달하는 영적인 정상에 있지 않다.
그것은 지금 이 순간,
내가 나를 진심으로 바라보는 그 마음속에 있다.
우리가 있는 그대로의 나를 사랑할 수 있을 때,
세상도 조금씩 그 얼굴을 바꾼다.
그리고 바로 그 자리에서, 우리는 알게 된다.
깨달음은 이름 모를 꽃처럼, 늘 나의 곁에 피어 있었음을……
다만, 이제는 그 꽃을 바라볼 마음의 여유만 있으면 된다.
부처님도 그렇게 말씀하셨다.
"깨달음은 어디에도 있지 않다. 그러나 어디에나 있다."

제30장. 나는 환영일까?
–무아와 공, 그리고 마음의 자유

1. 과연 내가 나일까?- MZ 세대가 흔히 느끼는 혼란

"나는 누구일까?"라는 질문을 성년이 된 이후,
한 번도 진지하게 던져보지 않았다는 사람은 드물다.
우리는 자기소개서를 쓰면서, 인스타 프로필을 꾸미면서,
나를 정의하려 애쓴다.
하지만, 그렇게 드러난 나는 정말 '진짜의 나'일까?
MZ 세대는 유난히 자기 정체성에 민감하다.
끊임없이 비교하고, 다양한 자아를 보여주며, 항상 누군가의 평을 의식한다.
어떤 날은 의욕 넘치는 워커홀릭이었고,
또 다른 날은 번아웃에 지친 무기력한 사람이 된다.
내 모습이 이렇게 자주 바뀌는 이유는 뭘까?

부처님은 간단하지만 깊은 말을 남기셨다.'
"고정된 자아는 없다. 그것은 일시적 집합이다."

2. 무아(無我)란 무엇인가 – 고정된 나는 없다는 의미

무아는 불교의 핵심 개념 중 하나이다. 처음 들으면 당혹스럽다.
"내가 없다고? 그럼 나는 누구지?"
하지만 이 말은 철학적인 소멸의 선언이 아니다.
오히려 '나'라고 믿고 있던 것이
변화하는 요소들의 조합이라는 사실을 보여준다.

내 감정, 생각, 성격, 취향, 기억- all of these는 끊임없이 변한다.
그리고 그 변화 속에서 '고정된 실체로서의 나'는 없다.
예를 들어, 중학생 때의 나는 지금도 나와 같은 사람일까?
좋아하는 음식도, 사람도, 꿈도 다 달라졌다면, '나'는 어디 있는 걸까?
무아란,
나는 변화하는 현상일 뿐이라는 이해다.
그것을 받아들이면, 고정된 자아상에 대한 집착에서 벗어날 수 있다.

3. 공(空)이란 무엇인가 – 아무것도 없다는 말이 아니다.

공(空)은 모든 존재가 관계 속에서만 성립한다는 의미다.
혼자서 독립적인 존재는 없다는 것.
마치 하나의 웹페이지가 수많은 링크와 코드로 연결되어 있듯,
나도 세상과 관계 맺으며 형성된다.

예를 들어, 내가 지금 마시고 있는 커피는
농부가 재배한 원두, 로스터리의 기술, 커피잔을 만든 공장,
이렇게 all of these가 연결되어야 내 손에 들어온다.
나 역시 가족, 친구, 사회, 언어, 문화라는
'연기의 네트워크' 속에서 만들어진다.
공'은 없음을 말하는 것이 아니고, 비(非)고정성 또는 관계성을 의미한다.
세상은 모든 것은 서로 의존하며 순간순간 변화한다.

4. 무아와 공을 이해하면 무엇이 달라질까?

무아를 이해하면, 나답지 않다는 강박에서 자유로워진다
우리는 종종 말한다.
"이건 나답지 않아."
하지만 무아를 이해하면 깨닫는다.
"나답다는 것도 환상일 수 있구나."
늘 활발한 사람도 가끔은 조용해질 수 있다.

늘 친절한 사람도 지칠 수 있으며
늘 게으른 사람도 어느 순간 성실해질 수 있다
'나는 이래야 해'라는 고정관념을 내려놓을 수 있다.
내가 변화해도 괜찮다는 믿음, 그것이 무아가 주는 해방이다.

공을 이해하면, 감정과 생각에 휘둘리지 않게 된다.
감정이나 생각도 '나'가 아니라 '지나가는 현상'임을 알게 된다.
- "내가 분노한다"가 아니라 "분노가 지나가고 있다"
- "나는 불안한 사람이다"가 아니라 "불안한 감정이 지금 머무르고 있다"

이런 식으로, 감정을 객체화하면, 더 이상 거기에 휘둘리지 않게 된다.
마음의 중심이 흔들리지 않게 되는 것,
그것이 공을 이해할 때 생기는 이득이다.

무아와 공을 이해하면, 관계가 부드러워진다.
이때 나만큼이나 타인도 변하는 존재임을 인정하게 된다.
그래서 덜 실망하고, 더 유연해진다.
- "쟤 원래 저랬어"가 아니라, "쟤도 그때그때 달라질 수 있어"
- "쟤가 날 무시했어"가 아니라, "그 순간 쟤의 감정일 수 있어"

공은 관계에 틈을 주고, 무아는 이해의 폭을 넓힌다.
덜 집착하고, 덜 분노하게 된다.
무아와 공을 이해하면, 인간관계가 숨통 트이기 시작한다.

5. MZ 세대의 일상 속 사례: "나는 누구인가요?"

민지: 진짜, 나는 도대체 왜 이러지?
  아까는 열정 가득했었는데, 지금은 또 무기력해...
  나란 사람은 뭔가 이중적이야.
나: 그게 당연한 거야. 원래 사람 마음은 여러 겹이니까.
민지: 근데 SNS에선 다들 한결같아 보이잖아.
  나는 너무 들쑥날쑥해서 불안해.
나: 그 들쑥날쑥한 모습까지가 '너'야. 흐르듯 존재하는 거지.

이렇게 무와 공의 개념을 알게 되면,
우리는 '나도 흐르고, 타인도 흐른다'라는 사실을 받아들이게 된다.
이것이 고요한 이해이다.

6. 무소유의 자유

핸드폰도 두고 산사에서 며칠 머문다는 대학생은 심정을 솔직히 밝혔다.
"불편한데...이상하게 마음이 편해요."
스님이 말없이 손가락으로 하늘을 가리켰다.
"이 순간 하늘을 보는 건 온전히 너의 것이지. 아무도 그걸 빼앗을 수 없지.
가진 게 없을 때 비로소 자유로울 수 있단다."
학생은 며칠이 지난 후,
홀가분한 마음으로 짐도 없이 하산하며 말했다.
"이제는 뭔가를 갖기 위해 살기보다, 살아있음 자체가 고맙게 느껴져요."
스님은 조용히 고개를 끄덕였다.
그는 가장 많은 것을 얻고 떠난 사람이었다.

덜 가질수록 더 자유롭고, 비울수록 더욱 충만해진다를 몸소 체험하고,
꼭 필요하지 않은 물건 하나 정도 내려놓으면 자유롭다는 것을 깨닫고.

5. 오늘의 실천 – '나는 누구인가?' 5분 명상
오늘 하루, 조용히 앉아 다음과 같은 생각을 마음에 띄어보자.
- 지금 떠오르는 감정은 무엇인가?
- 나는 이 감정과 동일한 존재인가, 아니면 그것을 바라보는 존재인가?
- 지금 이 생각은 어디서 왔으며, 또 어디로 가는가?

이때 우리는 나라고 하는 존재의 흐름성과 관계성을 체험하게 된다.

6. 마무리하며
무아와 공은 부정이 아니라 초대이다.
고정된 자아로 묶이지 말고,
흐르는 존재로 살아보자는 부처님의 제안이다.

그것은 나를 지우는 것이 아니라, 나를 더 깊이 이해하는 길이다.
집착을 줄이고, 관계에 숨을 불어넣고, 감정에 여백을 주는 삶,
이것이 무아와 공이 내 삶에 가져오는 선물이다.
무아와 공의 선물 앞에서 우리는 이렇게 말하게 된다:
"나는 있지만, 없다. 그래서 나는 자유롭다.

제31장. 윤회는 정말 존재하는가?
-삶과 죽음에 대한 불교의 시선

1. 죽음 이후에도 나는 있을까?

죽음 이후에도 내가 존재할까?
우리가 언젠가 한 번쯤, 혹은 자주 던지게 되는 질문이다.
부모님을 떠나 보냈을 때,
친구의 장례식장에서,
혹은 밤늦게 문득 외로움에 사로잡힐 때,
이 질문은 우리 안에서 천천히 떠오른다.

MZ 세대는 과학과 논리에 익숙하지만,
동시에 감성과 영성에도 열린 세대다.
그래서 이 질문은 단순한 종교적 호기심이 아니라,
존재의 의미에 대한 진지한 탐색이다.
"나는 어디서 왔으며, 어디로 가는가?"
불교는 여기에 매우 독특한 시각을 제시한다.
바로 '윤회(輪廻)'이다.

2. 윤회란 무엇인가?– 반복되는 생과 죽음의 바퀴

윤회는 문자 그대로 바퀴처럼 도는 삶이다.
죽음이 끝이 아니라, 또 다른 삶의 시작이며,
이번 생과 저 생이 원인과 결과로 이어진다는 개념이다.
불교에서는 이 과정을 업(業, karma)에 따라 움직이는 흐름으로 본다.

내가 지금 겪는 고통, 기쁨, 성격, 습관 등.
이것들은 단지 유전이나 환경의 산물만이 아니고,
이전 생의 행동과 마음 상태가 원인이 되었다는 것.
이런 원인-결과의 사슬은 죽음 이후에도 끊이지 않고 계속되며,
새로운 삶의 조건이 된다.
부처님은 이 반복의 고리를 '고통의 바퀴'로 보셨다.
인간의 삶 자체는 아름다울 수 있지만,
욕망과 무지가 이끄는 윤회는 고통을 계속 반복시킨다.
그래서 석가세존은 말씀하셨다.
"나는 그 바퀴를 보았고, 원인을 알았으며, 멈춤의 길을 설했다."

3. 윤회를 멈추는 법- 팔정도와 열반의 의미

부처님은 윤회에서 벗어나는 길로 팔정도(八正道)를 제시하셨다.
올바른 견해, 생각, 말, 행위, 생업, 정진, 마음 챙김, 집중.
이 여덟 가지의 길은 단순한 도덕 규범이 아니다.
진실로 마음을 깨우치고 자유롭게 하는 실천의 길이다.

팔정도를 따라가다 보면,
무지와 집착이 줄어들고,
욕망이 사라지고,
더 이상 태어나지 않아도 되는 상태에 이른다.
그것이 바로 열반(涅槃)이며, 해탈(解脫)이다.
- 열반은 번뇌의 불이 꺼진 상태
- 해탈은 집착의 사슬에서 벗어난 자유

이것은 죽어서 가는 '천국'이 아니라,
살아있는 동안 도달할 수 있는 의식의 상태다.

바로 지금 여기에서,
내가 나를 벗어날 수 있을 때, 열반은 시작된다.

4. MZ 세대를 위한 재해석
   –윤회와 해탈은 이렇게 이해할 수 있다

1) 윤회란?

끊임없이 반복되는 감정 루프처럼
'자존감 떨어짐→ 타인과 비교→ 억지 노력→ 번아웃→ 무기력→
다시 자존감의 문제' 이런 사이클에 갇혀 있는 상태를 말한다.
불교는 말한다.
이 사이클을 인식하고 멈출 수 있을 때, 우리는 자유로워진다.

2) 해탈이란?

유튜브 '좋아요 수'에 집착하지 않아도 괜찮다고 느끼는 순간,
타인의 시선에서 벗어나,
내 호흡과 감정을 있는 그대로 받아들일 수 있는 평정이고,
나를 정의하려 애쓰지 않아도 될 때, 내 마음은 더 가볍고 자유롭다.

3) 열반이란?

계속 무언가를 이루어야 한다는 강박에서 벗어나는 상태,
즉, "나는 지금 이대로 충분하다"라고 느끼는 자존의 고요를 이른다.
그렇다면, 저승이나 사후의 세계는 정말 있는 걸까?
부처님은 사후 세계를 완전히 부정하지 않으셨다.
오히려 '존재의 연속성'을 인정하셨고,
그것을 고정된 자아의 지속이 아닌 의식의 흐름으로 설명하셨다.

불교 경전인 『장아함경』, 『잡아함경』 등에는
천상, 지옥, 아귀 등 다양한 세계들이 등장한다.
그러나 이것은 영원한 천국과 지옥이 아니라,
의식의 상태가 만들어낸 임시적 세계를 이름이다.

즉, 우리가 욕망과 증오, 무지로 가득 찬 상태에서 죽는다면,

그 업력에 따라 고통스러운 세계(지옥)에 머무를 수도 있다.

반면, 자비와 지혜로 충만한 삶을 살았다면 천상에 갈 수도 있다.

하지만 이것은 궁극적인 해답이 아니다.

부처님은 이런 세계조차 무상(無常)하며,

종국에는 인간이 반드시 해탈해야 할 대상이라고 보셨다.

5. 부처님의 초점은 '지금 여기'에 있었다

어떤 제자가 물었다.

"존재 이후에도 우리는 존재합니까?"

부처님은 대답하지 않으셨다. 침묵하셨다.

왜냐하면 석가세존께서는

죽음 이후에 대해 단정을 짓기보다는 지금 살아있는 이 순간,

어떻게 존재할 것인가를 더 중요하게 여기셨기 때문이다.

부처님은 이렇게 말씀하셨다.

"지금 이 순간의 마음이 다음 생을 만든다."

6. 마무리하며 – 윤회보다 강한 깨어있음

죽음은 우리 모두에게 닥칠 일이지만,

불교는 죽음을 두려움의 끝이 아니라, 자각의 기회로 바라본다.

윤회가 있다면, 그것은 지금 이 순간에도 일어난다.

감정의 반복, 관계의 고통, 집착의 회전.

하지만 우리는 멈출 수 있고, 깨어날 수 있다.

그리고 그 깨어남은 지금, 이 자리에서 시작된다.

그것이 부처님이 가르친 팔정도의 길이며,

윤회에서 벗어나는 고요한 혁명이다.

이제 MZ 세대에게 묻고자 한다.

"당신은 오늘, 무엇으로 깨어났는가?"

5. 오늘의 실천 – 나의 윤회 패턴은 무엇인가?

오늘 한번 나에게 물어보자.
- 나는 반복되는 고통의 루프에 갇혀 있지는 않은가?
- 그 루프는 어떤 감정과 생각에서 시작되는가?
- 그 고리를 멈추는 '한 걸음'은 무엇일까?

이 자각이 윤회를 멈추는 첫 발자국이 된다.

제32장. 나는 나를 어떻게 받아들일 것인가?

1. 작은 그릇에 담긴 우주- 연기법과 자아 탐구

산사 한켠, 탑돌이를 하고 있던 스님 곁에 동자승 하나가 묻는다.
"스님, 나는 누구예요?"
스님은 미소 지으며 손에 들고 있던 물그릇을 보여주었다.
"이 안에 무엇이 보이느냐?"
"물, 제 얼굴, 하늘... 그리고 탑도 조금 보여요."
"그렇지. 이 작은 물그릇에도 네 얼굴과 하늘과 탑이 다 비치지.
너라는 존재도 마치 세상 모든 것과 연결돼있는 것과 같단다."
동자승은 고개를 갸웃했고, 스님은 계속 말했다.
"우리는 독립된 고립체가 아니야. 부모님이 계셨기에 우리가 있고,
음식과 공기, 말 한마디에서도 우리는 서로를 만들고 있는데,
이것을 부처님은 연기법이라 하셨지."
"나는 나야"라고 말하던 아이는 말없이 그릇을 들여다보았다.
그 속에, 자신이 담고 있는 모든 인연을 보고 있었기 때문이다.

연기된 세상의 삶은 결코 홀로 있지 않다.
세상은 내가 존재하는 주변의 모든 것과 인연으로 연결이 되어 있다.

이번 소절의 의미하는 바를 맺음글로 소통하고자 한다.
나는 너로 인해 나이고,
너는 나로 인해 너이다.
연기된 삶은 홀로 있지 않다.

2. 일상 속의 대화에서 나를 찾기

어느 날, 민수가 친구들과 카페에서 수다 떨다가 갑자기 말했다.
"나 진짜 요즘 너무 내가 싫어.
뭘 해도 맘에 안 들고, 자꾸 남들과 비교하게 돼."
친구들은 다 공감했다. 우리 모두 그런 순간이 있으니까.
"나도 그래. 친구들 멋지게 사는 거 보면 갑자기 우울해지고."
"회사에서 잘 안 풀리면 '나는 왜 이렇게 부족하지?'싶고."
"하루에도 몇 번씩 자아비판 루프에 빠지는 것 같아."
그때 지우가 말했다.
"내가 요즘 하는 게 있는데, 나한테 '괜찮아'라고 말해주는 거야.
진짜 웃기지? 거울 앞에 서서 '너 오늘 잘했어'하는 거지."
민수는 웃으며 "그게 도움이 돼?"라고 물었다.
"응, 처음에 어색했는데, 점점 마음이 조금씩 편해지는 게 느껴져,
내 안에 있는 비판적인 목소리가 좀 줄어든다고 해야 할까?"

사실 우리 마음속에는
'내가 너무 못났어', '난 안 돼'라는 목소리가 너무 자주 등장한다.
그걸 멈추기 힘들고, 그 목소리가 너무 커서 자신이 흔들릴 때도 많다.
부처님은 오래전에 이미 그걸 아셨고, 그래서 '자비'를 강조하셨다.
남에게만 베푸는 게 아니라, 나에게도 자비로운 마음을 보내라는 것이다.

3. 작은 일상 속의 실천

내 마음을 인정하고, 그 감정에 이름 붙여주는 것이 중요하다.
예를 들어, 하루 종일 힘들고 지쳐서 집에 왔는데,
'오늘도 나 정말 잘 버텼다'라고 스스로에게 칭찬해본다.
"내가 잘 하고 있어, 조금 쉬어도 괜찮아."
SNS에서 자꾸 비교하는 생각이 올라올 때는 이렇게 말해보자.
"지금 나는 부러운 마음이 들었구나.
그래도 나는 나만의 속도로 가는 중이야."

4. 카톡 대화로 다시 한번

혜진: "요즘 너무 자존감이 바닥이라 힘들어."
준호: "나도 그랬어. 그런데 매일 아침,
　　'오늘 나 자신에게 잘하자'고 다짐했더니 조금 달라지더라."
혜진: "말로만 하면 별로 효과 없을 것 같은데…"
준호: "나도 그랬어.
　　그런데 반복하다 보니 마음이 조금씩 부드러워지는 느낌이야."
혜진: " 나도 한번 해 볼께. 나한테도 자비를."

누군가에게 '괜찮아'라는 말을 들으면 용기가 생기는데,
그 말을 내가 나 자신에게 건네보는 것.
이것이 바로 '나를 받아들이는 훈련의 첫걸음'이다.

5. 다음의 말로 이번 장을 마무리를 지어보고자 한다.

"완벽하지 않아도 괜찮아요."
"때로는 넘어져도 괜찮아요."
"우리는 모두 불완전한 존재지만, 그래서 더욱 소중하고 빛나니까요."
오늘부터 나 자신이 나를 조금 더 아껴주는 연습, 함께 시작해 볼까요?

6. 오늘의 실천

오늘 하루, 내가 만나는 사람이나 사물 하나,
그들이 내 삶에 어떤 영향을 주는지 살펴보고,
내가 지금 존재하는 이유를 떠올려보면서,
고마운 사람에게 감사 인사 전해보자.

제33장. 우주의 실상과 마음의 공(空)
-부처님 말씀과 양자역학, 양자컴퓨터와의 만남

1. 『반야심경』 말씀 – 색즉시공 공즉시색(色卽是空 空卽是色)

모든 것은 고정되지 않음에서 시작된다.
하루는 젊은 수행자가 스님에게 물었다.
"스님, 눈앞에 있는 사물도 모두 허상이라 하셨습니까?
이 단단한 바위도, 나의 이 두 손도 허상인가요?"
노스님은 조용히 웃으셨다.
"눈앞의 것은 네가 보고 있는 그대로 존재하지 않느니라.
실체가 없다 하였지. 그저 인연 따라 그렇게 보일 뿐이란다."

이야기는 불경에서 말하는 공(空)의 개념과
양자역학의 '입자-파동 이중성'으로 자연스레 이어진다.
양자역학에 따르면, 전자나 광자 같은 미시 입자들은
관찰되기 전까지는 고정된 위치나 형태가 없다고 한다.

전자나 광자는 입자인 동시에 파동이며,
'존재하지 않는다'는 것이 관측에 의해 드러난다.
이러한 개념은 불교에서 말하는 "공즉시색(空卽是色)"
즉, 비어 있음이 곧 존재로 드러난다는 통찰과 맞닿아 있다.

2. 마음이 세상을 만든다
 –관찰자가 존재를 결정짓는다

양자역학의 세계에서는 관측자가 현실에 영향을 준다.
관측 전, 입자의 상태는 수많은 가능성(파동 함수)으로 존재하지만,
관측하는 순간 하나의 상태로 결정된다.
이것은 바로 부처님께서 말씀하신 "일체유심조"의 과학적 대응이다.
『화엄경』에 "마음이 일체의 법을 만든다."라는 말씀이 있다
즉, 현실은 독립적으로 존재하지 않으며,
보는 존재, 즉 마음과 인식이 현실을 구성한다는 것이다.
이러한 관점은 단순한 철학적 사유를 넘어,
양자컴퓨터의 작동 원리와도 연결됩니다.

3. 양자컴퓨터와 공의 실현

현대과학은 이제 단순한 기계적 계산을 넘어,
양자컴퓨터라는 새로운 세계로 들어서고 있다.
양자컴퓨터는 '큐비트'라는 단위를 사용하며,
이는 0과 1의 이진값을 동시에 가질 수 있다.
이는 바로 양자역학의 중첩(Superposition)원리의 기반이기도 하다.

큐비트는 관측되기 전까지 수많은 상태를 동시에 가지며,
이는 불교의 "무수한 가능성으로 충만한 공"과 매우 닮았다.
원시불교 이래의 연기설(緣起說,)에 새로운 해석을 내린
『중론』의 "공(空) 때문에 만물이 가능하다."라는 해석과 일치한다.
양자컴퓨터는 고정되지 않은 상태에서
'관측'이나 '연산'에 따라 현실을 결정짓는 시스템인데,
마치 마음이 경계를 짓고,
인식이 세계를 만드는 불교의 세계관을 과학이 구현한 것과 흡사하다.

4. 얽힘의 세계와 자아의 해체

두 입자가 서로 멀리 떨어져 있음에도 한 입자의 상태가 결정되면 즉시,
다른 입자의 상태도 연관되어 마치 두 입자는 한 몸처럼 작동하는 현상을

양자얽힘(Entanglement)이라 하는데,
이 현상은 불교의 연기법(緣起法)과도 일맥상통하다.
'이것이 있음으로 저것이 있고, 저것이 없으면 이것도 없다'

우리는 독립된 존재가 아니라, 관계 속에서 존재하는 존재이다.
이는 『금강경』의 무아(無我), 무상(無常)사상과도 연결된다.

5. 과학도 결국 마음을 향하다

현대 물리학이 가리키는 방향은 결국 객관적 실재의 해체이다.
우리가 보는 이 세상 또한 실체가 아니라,
관계적이며 가능성의 집합일 뿐이다.

이것은 불교의 '공'사상, '무아'사상, '연기'사상이
오랜 시간 동안 마음의 수행을 통해 도달한 통찰과도 맥을 같이한다.
『화엄경』에서
"하나의 티끌 속에 삼천대천세계가 들어 있다."
"거대한 우주가 하나의 마음 안에 들어 있으며, 모든 것은 연결되어 있다."
라고 설파한다.

양자역학도 양자컴퓨터도 결국 설명한다
"현실은 관찰 이전에는 존재하지 않으며,
모든 것은 연결되어 있다."

6. 맺음의 글

보이는 것은 마음의 그림자요
계산하는 기계도 텅 빈 공간에서 노닐어라
비어 있되 충만한 세계를
부처님은 이미 오래전, 침묵으로 말씀하셨다.

7. 작은 일상 속의 오늘의 실천

"지금 내가 보고 있는 것은 진실인가?
아니면, 내 마음이 만들어낸 것인가?"
하루에 한 번 정도 마음속으로 자문해보자.
사람과 관계 맺을 때,
그 사람을 고정된 존재로 보지 말고, 가능성으로 바라보자.
어떤 상황이든 "이 또한 공이다"라고 생각하며,
집착을 조금씩 내려놓아 보자.

제34장. 부처님의 깨달음과 우리 세대에게 던지는 메시지

1. 왜 지금, '깨달음'이라는 말을 다시 꺼내야 할까?

"이렇게 사는 게 맞는 걸까?"라는 질문에서 시작된 여정,
하루에도 몇 번씩 우리는 자신에게 묻습니다.
"이게 맞는 걸까?"
"이렇게 살아도 괜찮은 걸까?"
"진짜 내가 원하는 삶은 뭐지?"
이 질문은 명확한 답을 주지는 않는다.
오히려 질문이 꼬리를 물고 이어지고, 때로는 불안하게 만든다.
그런데 흥미롭게도 2600여 년 전에도 부처님은 같은 질문을 하셨다.
"이 세상의 괴로움은 왜 끝나지 않는가?"
"모든 존재는 왜 이토록 방황하는가?"
석가세존은 결국 모든 것을 멈추고 '보리수 아래' 앉았다.
답을 찾기 위해서가 아니라, 더는 도망치지 않기 위해서였다.

2. 부처님의 깨달음은 어떤 특별한 체험일까?

부처님의 깨달음은 극도로 현실적이고 명확한 통찰이었다.
"모든 것은 인연 따라 생겨나고, 인연 따라 사라진다."
"집착이 괴로움을 만든다."
"삶은 무상하며, 고정된 '나'라는 실체는 없다."
"그 모든 걸 정확히 보고 나면, 괴로움에서 자유로워질 수 있다."
이 깨달음은 세상과 나, 삶의 구조에 대한 철저한 관찰의 결과였다.

부처님은 신의 음성을 들은 것이 아니라,
단지 당신의 마음을 들여다본 것뿐이다.

3. 깨달음은 우리 삶과 무슨 상관이 있을까?

요즘 MZ 세대가 자주 겪는 감정은 불안정함이다.
직장은 언제까지 다닐 수 있을지 모르겠고,
주변과의 관계는 오래 지속이 되지 못할 것 같고,
SNS에서는 늘 멋진 사람들이 나보다 잘살고 있는 것 같고...

이런 감정들 속에서 부처님의 깨달음은 묻는다.
"너는 지금, 무엇에 얽매어있는가?"
"그 얽매임이 진짜 너를 위하게 하는가?"
"놓을 수 있다면
놓아버리는 것이 마음을 더 가볍게 하지 않겠는가?"

4. 현대어로 풀어보는 깨달음 – 마음의 OS 바꾸기

지금 우리의 마음은 마치 과부하 걸린 스마트폰과 같다.
백그라운드 앱은 잔뜩 켜져 있고,
알림은 쉬지 않고 울리며,
배터리는 계속 닳아간다.
부처님의 가르침은 이럴 때
"모든 앱을 닫고 다시 시작하라"라고 말해 주는 것과 비슷하다.
내가 붙잡고 있는 생각은 진짜일까?
지금의 감정은 어디서 온 걸까?
이 불안은 피할 수 없는 것일까, 아니면 내가 만들어낸 것일까?

이 질문들을 통해 우리는 마음의 작동 방식을 바꿔볼 수 있다.
깨달음은 결코 초월적인 것이 아니다.
그건 삶의 방식, 인식의 방식, 관계 맺는 방식의 변화이다.

5. 깨달음이 우리에게 가져다줄 변화

1) 감정에 휘둘리지 않고, 감정을 관찰하게 된다.
   예전엔 누군가가 한마디 하면, 바로 상처받고 반응했지만,
   이제는 "아, 내가 불안해서 예민하구나"라고 알아차릴 수 있다.
2) 경쟁보다 연결의 가치를 발견하게 됩니다.
   타인과 비교하기보다는,
   "우리는 같은 고통을 겪고 있다"라는 연민이 생깁니다"
   경쟁보다는 공감은 늘어납니다.
3) 나를 바꾸기보다는 있는 그대로의 나를 받아들이게 된다.
   "나는 지금의 나로도 충분히 괜찮다."
   "지금의 나는 살만한 가치가 있는 존재이다."
   이런 믿음이 생기면 삶은 훨씬 편안해진다.

6. 부처님이 오늘 우리에게 주는 메시지

"모든 괴로움은 지나간다.
괴로움은 영원하지 않으며, 너는 이미 자유로워질 수 있는 존재이다."
이 메시지는 지금도 통용된다.
완벽해야만 살아갈 수 있는 시대가 아니라,
있는 그대로 살아도 괜찮은 시대로 나아가기 위해,
우리는 부처님의 깨달음을 다시 꺼내야 합니다.
이는 단순한 종교 이야기가 아니라, 살아가는 방식에 관한 대화이다.

이번 장에서도 오늘의 실천 거리를 살펴보기로 하자.
- 나는 지금 무엇에 집착하고 있는가?
- 그 집착은 나를 행복하게 만들고 있는가?
- 오늘 하루, 나는 어떤 생각을 놓아버리면 마음이 편할까?

이 질문들을 스스로에게 조용히 던져보는 그 순간,
깨달음은 이미 시작되고 있는 것이다.

산사의 울림, 그리고 나

산은 산이로되
이제 그 산은 더 이상 예전의 산이 아니리.

(어느 선사의 게송)

1. 다시 세상으로

산사의 문을 나선다.
몇 날 며칠을 고요히 머물던 곳
종소리에 잠들고,
죽비 소리에 깨어나던 산사를 뒤로 한다.
이제는 다시
버스와 사람, 뉴스와 속도, 거래와 관계의 세상으로.
그러나 문밖의 세상이 더 이상 예전 같지는 않다.
산사는 그대로인데, 달라진 것은 내 마음이다.

2. 짧았지만 길었던 시간

이 짧은 여정 동안,
나는 부처님의 말을 들었고,
나 자신의 소리를 들었다.
가르침은 멀리 있지 않았다.
바람 부는 소리,
비 오는 아침,
묵묵히 흙을 쓸고 가는 스님의 걸음.
그 모든 것이 나에게 법문이었다.

3. 산사에서 배운 것

나는 배웠다.
마음을 보는 법을

멈추는 용기를.
놓아보는 연습을.
그리고 지금 이 순간을 온전히 살아내는 길을.
이제부터
그 모든 것을 일상 속에서 실천하는 것이
나의 공부가 된다.

"산사에서 배운 고요는 세상 속에서 더 빛난다." 『법구경』

4. 산사의 고요, 내 안에 있다.

나는 다시 스마트폰을 켤 것이다.
스케줄을 조정하고, 메일을 확인하고,
사람들과 만나고, 때로는 다툴 것이다.
그러나
내 안에는 잠깐 머물렀던 산사,
그곳의 고요가 여전히 살아있다.
그 고요는
길을 잃을 때마다, 나를 부를 것이다.
바쁘고, 분주하고, 헷갈릴 때마다
"잠시 멈추어라"라고 속삭일 것이다

5. 마음의 산사, 일상의 법당

누군가 "산사 다녀오셨어요?"라고 물으면
나는 조용히 고개를 끄덕일 것이다.
하지만 이제 나의 '산사'는
깊은 산속 사찰이 아니다.

아침에 물을 마시는 부엌,
지하철의 조용한 창가 자리,

퇴근길 골목길의 벤치,
그리고 나의 작은 방...
어디든 내가 깨어있다면,
그곳이 산사이리라.

이 책의 시작은 산사로 가는 길이고,
끝은 산사에서 돌아오는 길이다.
이제 당신이 걸어가는 모든 길이
곧 산사로 향하는 길이기를.....
기도하듯 살아가자.
숨을 쉬듯 수행하자.
사랑하듯 알아차리자.

언젠가 또
지치고 무너질 때가 오겠지만,
그때 당신 안의 부처님이
이렇게 말해 줄 것이다.
"괜찮다. 우리는 또 길을 걸을 수 있다."

산사를 나서며 외치노라.
-끝맺음 게송(偈頌)

길 위에서 길을 묻지 마라.
이미 그대가 길이니
한 걸음 한 걸음이
부처님의 발자국이니라

에필로그

산길을 함께 걸어온 당신께

이 책의 첫 장을 펼쳐준 당신,
그리고 마지막 장을 닫기까지 함께 해준 당신께,
산사의 한쪽 작은 마루에 앉은 마음으로
이 편지를 띄웁니다.

우리는 누구나 저마다의 무거운
짐을 짊어진 채,
누군가는 이승에서의 삶에 지친
처절한 마음을 달래려고
또 누군가는 마음속 공허함을
달래기 위해
이 길을 걷기 시작했을 것입니다.

『산사 가는 길』은 단지 절집으로
향하는 길이 아니라,
우리 마음 깊은 곳으로 걸어
들어가는 내면의 길이기도 했습니다.
그곳에서 당신은 고통의 실체를 마주했고,
때로는 놓아버림의 지혜를 배웠으며,
삶과 죽음의 경계 너머로
부처님의 조용한 미소를 보았을지도 모릅니다.

당신이 머물렀던 그 어느 산사의 뜨락,
그 고요함이 언젠가 당신의 마음속에서
다시 피어나기를 바랍니다.
세상의 소음 속에서도 잠시 눈을 감으면,
산사의 은은한 풍경 소리가 들려올지도 모릅니다.

모든 문장을 덮고 난 뒤에도,
당신 안에서 이 길은 계속될 것입니다.
진리는 책의 끝이 아니라,
당신의 삶 속에 스며드는 과정이기 때문입니다.

내가 감히 당신의 길동무가 되었다면,
그것만으로도 이 책은 제 소임을 다했다고 생각합니다.

부디, 당신의 길 위에도
고요한 바람이 함께 하기를 바랍니다.

당신 안의 부처님께!
省覺, 三拜 올립니다.

2025년 여름. 盤浦川의 卜居, 讀氣軒에서 合掌.

부 록

부 록 1: 불설비유경

불설비유경
부처님께서 꼬살라국의 빠세나디 왕에게 한 말씀의 경전

(부처님)
"대왕이시여, 나는 지금 대왕을 위해 간단한 하나의 비유로써
생사의 맛과 그 근심스러움을 설명하겠습니다.
대왕께서는 한번 잘 들으시고 생각에 임해보시기 바랍니다.
과거 한량없는 겁 전에,
어떤 사람이 광야에서 사나운 코끼리에게 쫓기다가
우연히 우물을 발견하였습니다.
그 옆에 있는 큰 나무로부터 뿌리가 우물 속으로 나 있어,
그는 그 나무뿌리를 타고 내려가 우물 속에 몸을 숨겼습니다.
그때 검은 쥐와 흰 쥐, 두 마리가 번갈아 나무뿌리를 갉아 대고 있었고,
우물 사방에는 네 마리의 독사가 몸을 도사리며
그를 물려고 하였을 뿐만 아니라,
우물 밑에는 독룡(독기를 품은 용)까지 그를 노리고 있었습니다.
독룡과 독사가 그를 위협하고,
동시에 나무뿌리는 끊어질 위기였는데,
나무에는 벌통이 매달려 있어,
벌꿀이 다섯 방울씩 입에 떨어졌습니다.
벌들은 나뭇가지가 흔들릴 때마다 내려와서 그 사람을 쏘았습니다.
한편, 들판에서는 불이 일어나 장관을 이루더니,
 급기야는 그 나무를 태우고 있었지만,
그는 불길이 일으키는 장관에 취하여 자신의 위험을 잊고 있었습니다."
(왕)
"그 사람은 어떻게 한량없는 고통을 받으면서도
불길이 보내는 광경에 취하여 적은 맛을 탐할 수 있었습니까?"
(부처님)
"대왕이시여, 그 광야는 끝없는 무명의 기나긴 밤을 비유한 것이고,

우물은 생사를 비유한 것이며,
그 험한 언덕의 나무뿌리는 목숨을 비유한 것이고,
검은 쥐와 흰 쥐, 두 마리는 낮과 밤을 비유란 것이며,
나무뿌리를 갉는다는 것은 순간순간 삶이 조여드는 것을 의미하며,
네 마리의 독사는 사대(땅, 물, 불, 바람 등)로써
모든 물질적 존재를 이루는 기본 구성 요소)를 비유한 것이며,

벌꿀은 다섯 가지 감각적 욕망을 비유한 것이고,
벌은 삿된 소견을 비유한 것이며,
불은 늙음과 병을 비유한 것이고,
독룡은 죽음을 비유한 것입니다.

그러니 대왕이시여, 생로병사는 참으로 두려워해야 할 것입니다.
항상 이 점을 명심하고 다섯가지 감각적 욕망(눈, 코, 귀, 혀, 몸)
이들이 일으키는 식욕, 색욕, 재욕, 명예욕, 수면욕의 유혹에서
벗어나서 오욕(五慾)의 집착에 사로잡히지 않아야 합니다

부 록 2: 기도는 누구를 향하는가?

1. 무엇을 위한 기도인가?

백일기도, 수능기도, 국가고시 합격기도.
오늘날 대부분의 사찰에서는
정해진 목적에 따른 기도법회가 정기적으로 열립니다.
수험생의 어머니, 아픈 가족을 둔 사람, 인생의 고비를 지닌 사람들이
절에 찾아와 절박한 마음으로 절을 올립니다.
그들의 간절한 마음은 무엇보다도 소중하고 귀한 것입니다.
하지만 우리는 이 물음을 함께 던져야 합니다.
"기도란 부처님께 무엇인가를 달라고 하는 일인가?
아니면, 나의 마음을 돌이켜 새롭게 바꾸는 일인가?"

부처님은 기도를 어떻게 보셨는가?
부처님은 숫타니파타에서 다음과 같이 분명히 말씀하십니다.
"강에 몸을 씻고, 재를 뿌려도, 악한 행위는 씻기지 않는다."
진실한 마음, 자비의 실천, 청정한 삶이야말로 마음을 깨끗하게 한다."
숫타니파타 제2장에 실린 말씀과 잡아함경에 실린 말씀을 소개합니다.
"어떠한 신에게 비는 것보다, 스스로 올바른 행위가 미래를 만든다."
이처럼 부처님은 기도 자체를 부정하지는 않으셨지만,
그 기도가 외적인 존재에 의존해 바람을 이루려는 것이라면,
오히려 자신을 무기력하게 만듦을 경계하셨습니다.
기도는 삶을 향한 결심과 자각, 그리고 정진의 방향을 정하고,
이를 세우는 실천이 되어야 한다고 가르치셨습니다.

2. 염불과 기도 – 마음의 바람인가, 업의 방향인가?

많은 불자들이 염불을 합니다.
"나무아미타불, 관세음보살, 옴마니반메훔…"
그 염불은 과연 마법의 주문일까요? 아니면, 마음을 다스리는 도구일까요?

법구경 제1장에서는 이렇게 말합니다.
"모든 것은 마음에서 비롯되고, 마음이 가장 앞서며, 마음이 모든 것을 만든다."
염불은 외적인 소리 이상의 의미가 있습니다.
그 염불을 반복하는 가운데,
우리의 마음은 가라앉고, 방향을 잡으며, 진심을 되새기게 됩니다.
그것이 염불의 진정한 효험입니다.
염불은 '부처님께 나를 구해달라'고 애원하는 소원이 아니라,
'나도 부처님처럼 살겠습니다'라는 서원과 다짐이 담긴 행위입니다.
"염불은 나의 중심을 잡는 수행이다. 비는 것이 아니라 다짐하는 길이다."

3. 기도는 마음을 바꾸는 힘 – 믿음의 방향 전환이다

부처님은 기도의 본질을 이렇게 정리하셨습니다.
증일아함경 제6권에서
"생각한 대로 되지 않더라도, 바른 길을 간다면 그 열매는 반드시 온다."

우리가 백일기도나 합격기도를 올릴 때,
"시험에 꼭 붙게 해주세요"보다는
"이 시간을 통해 나 자신을 단단하게 하고,
최선을 다하는 사람이 되겠습니다"라는 마음으로 향해야 합니다.
기도는 조건을 바꾸는 힘이라기보다, 나를 바꾸는 힘입니다

4. 시주는 복을 사는 것인가, 삶을 나누는 것인가?

우리는 불자들이 시주하는 모습을 흔히 볼 수 있습니다.
등불 시주, 탑 시주, 대웅전 불사, 기도 동참금...
이 시주가 과연 개인의 복을 비는 대가로 드리는 금전일까요?
아니면 공동체의 수행과 자비행을 유지하기 위한 연기적 나눔일까요?
부처님은 중아함경 보시경에서 이렇게 말씀하십니다.
"보시란 나의 탐욕을 비우고, 타인의 삶을 돕는 길이다.
복은 생기되, 복을 바라지 않음에서 온다."

시주는 기복이 아니라 자비입니다.
진정한 시주는 내가 무엇을 얻기 위해서가 아니라,
내가 얻은 것을 다시 나누기 위해 행하는 것입니다.
절의 운영은 이 시주의 힘으로 이어집니다.
스님들의 수행, 사부대중의 공부, 어려운 이웃을 위한 자비활동 등등
모든 것이 불자 한 사람 한 사람의 보시행에서 생겨납니다.

5. 사찰 건립과 대형 불상 – 신심인가, 과시인가?

불교의 역사 속에서 대형 불상과 웅장한 전각은 신심의 표현이기도 하다.
그러나 그 신심이 권위와 세속의 상징으로 흘러갈 때,
부처님은 이때를 분명히 경계하셨다.
불교의 초기 경전인 숫타니파타에서 부처님은 이렇게 말씀하신다.
"진리는 탑에도, 형상에도 있지 않다.
진리는 고요한 마음 안에 있다.
돌이나 흙으로 부처를 만든다 해도,
그것에 집착하면 이미 본래의 도를 잃는다."

부처님은 탑을 짓거나 불상을 세우는 행위를 금지한 것이 아니었다.
다만, 그 목적과 마음가짐을 항상 되묻도록 하셨다.
'탑은 수행을 일깨우는 곳이 되어야 하고,
불상은 나를 닮고자 하는 마음의 거울이 되어야 한다."
따라서 우리는 스스로에게 물어야 한다.
- 이 불사는 누구를 위한 것인가?
- 신심인가, 치장용 과시인가?
- 공동체의 수행공간인가? 아니면, 권력과 자본의 상징인가?

6. 불자의 바른 처신 – 믿음과 분별의 균형

믿음은 절대 필요합니다.
그러나 믿음에 분별이 따르지 않으면 맹신이 되고,

분별에 믿음이 없으면 냉소가 됩니다.
기도는 필요합니다.
그러나 그것은 외적 성공이 아닌, 내면의 중심을 잡는 길이어야 합니다.

시주는 거룩한 행위입니다.
그러나 그것이 복의 대가로만 이해된다면, 나눔은 거래로 전락합니다.
불사는 수행의 장이 되지만 그것이 권위와 자본의 과시로 흐르면,
부처님의 본래 가르침을 어기는 일이 됩니다.

오늘의 실천

- 기도문을 새롭게 써본다
  "합격하게 해 주세요" 대신,
  "이 과정을 통해 흔들리지 않도록 해주세요"라고 적어본다.
- 시주의 마음을 되돌아본다.
  시주는 내가 받은 복을 나누는 일이니, 소액이라도 진심이면 충분하다.
- 불상 앞에서 나를 비춰본다.
  불상을 보는 눈이 외적인 장식이 아니라,
  내면의 닮고자 하는 서원으로 바뀐다면,
  그 불상은 진정한 수행의 거울이 되는 것이다.

부 록 3: 나의 길을 걷는 8가지 실천 방법

1. 하루 한 번, 나에게 묻기
"나는 지금 어디로 가고 있는가?"
작은 선택 앞에서 이 질문을 던지면, 삶의 방향이 바뀐다.

2. 고요히 호흡하기
의자에 앉아, 단 3분이라도 조용히 들숨과 날숨을 지켜보자.
마음의 부유물이 가라앉고, 중심이 살아나게 된다.

3. 삶의 인연 돌아보기
오늘 하루 나를 웃게 하거나 아프게 하는 사람'과 상황을 떠올려보자.
그 모든 것이 지금의 나를 만들게 한다.

4. "나는 영원한 존재가 아니다."라고 되뇌기
이 문장은 욕망을 줄이고, 삶의 속도를 낮추게 해준다.
무상의 지혜는 집착을 놓는 시작이다.

5. 남몰래 공덕 쌓기
작은 선행 하나를 남 모르게 실천해보자.
그것이 바로 업을 바꾸는 첫걸음이다.

6. 두려움에 이름 붙이기
죽음, 실패, 상실 등등 그 두려움의 정체를 들여다보고
조용히 이름 붙여보자.
두려움은 알 수 없는 것일 때 가장 크게 자라는 것이다.

7. 누군가의 죽음을 애도하며 나를 성찰하기
부고를 들었을 때 명복을 비는 마음과 함께
"나는 어떻게 살아야 할까?"를 떠올려보자.
죽음은 삶을 가르치는 스승이다.

8. 오늘을 아름답게 마무리하기
　하루가 끝날 때, 마음속으로 이렇게 말해보자.
　"오늘도 잘 살아냈다. 고맙다."
　그 마음이 윤회를 천천히 멈추게 한다.

이상의 여덟 가지 실천법은 단순한 행동 지침이 아니라,
존재의 방향을 되돌아보게 하는 마음 챙김의 실천이다.

매일 한 가지씩이라도 반복해 본다면,
나는 어디로 가는가에 대한 답이 서서히 삶에서 드러날 것이다.

부 록 4: 팔정도 실천
현재의 삶을 바르게 걷기 위한 8가지 수행 방법

1. 정견(正見) – 바르게 보기
    매일 하루 한 순간, 나의 관점이 진실에 닿아 있는지 점검해보자.
    '지금 내가 보고 있는 건 사실일까, 아니면 해석일까?'

2. 정사유(正思惟) – 바르게 생각하기
    생각은 감정을 만들고, 감정은 삶의 방향을 바꾼다.
    타인이나 과거를 원망하는 생각이 들 때, 그걸 따라가지 말고
    '어떻게 생각하면 더 자유로울까'를 떠올려보자.

3. 정어(正語) – 바르게 말하기
    하루에 단 한 마디라도, 누군가를 살리는 말을 해보자.
    칭찬, 격려, 진심 어린 사과, 혹은 침묵.
    말은 곧 업(業)이 된다.

4. 정업(正業) – 바르게 행동하기
    남을 속이거나 해치지 않고, 나 자신도 해치지 않는 행동.
    정직한 이메일 한 통을 보네는 등으로 작은 습관 하나를 바꿔보자.

5. 정명(正命) – 바른 삶의 방식
    내가 하고있는 일은 생명을 해치지 않으며,
    다른 존재에게 이로움을 주는 일인가?
    그 질문 하나로도 삶의 방향이 맑아진다.

6. 정정진(正精進) – 바른 노력.
    지금 이 길이 힘들더라도, 마음속 깊은 곳에서
    이 방향이 옳다는 감각이 있다면 멈추지 말라.
    부처님은 바른 정진은 항상 중도(中道)를 따른다고 하셨다.

7. 정념(正念) – 바른 마음 챙김

먹을 때, 걸을 때나 대화할 때,
잠깐 멈춰서 내 호흡과 몸의 감각을 느껴보자.
지금 여기에 있다는 걸 알아차리는 것, 그것이 정념이다.

8. 정정(正定) – 바른 집중

마음을 한곳에 모을 수 있는 시간.
그것이 명상이든, 글쓰기든, 독서든 상관없다.
산만한 마음이 잠잠해질 때 삶의 중심이 생기게 된다.

이런 팔정도 실천은 거창한 수행자가 되자는 것이 아니다.
내 일상에서 조금 더 깨어있고, 조금 더 진실하게 사는 길이다.
이렇게 하루를 살아갈 때,
"나는 어디서 와서, 어디로 가는가?"에 대한 답은
생각이 아니라 삶 속에서 자연스럽게 드러나게 된다.

부록 5: 산사 가는 길

모든 울림은 하나의 고요로
산사의 종소리가 저녁 안개를 가른다.
아득한 소리가 골짜기를 타고 흘러,
산길을 걷는 이의 귀에 닿는다.

누군가는 그 울림 속에서 부처의 무애(無碍)를 듣고,
또 누군가는 마음 깊이 깃든 성령의 숨결을 느낀다.
같은 마루에 앉아도 누군가는 불생불멸을 떠올리고
누군가는 영생을 생각한다.

이름은 달라도, 마음속에서 깃드는 자리는 하나이다.
인연을 벗어 무상으로 들어가든,
십자가를 넘어 영원으로 들어가든,
그 끝은 스스로 하나로 향한다.

부처님은 연기로 무상을 가르치셨다.
예수께서는 십자가로 영원의 문을 여셨다.
두 가르침은 서로 다르되,
생명의 소중함 앞에서는 다르지 않다.
그리스도 안에서 얻은 생명은
더 이상 인간이 빌려 쓰는 숨이 아니다.
뿌리가 하늘에 닿아 끊어질 듯 이어지고,
끊어진다 해도 본래 끊어지지 않는다.
곧 은혜요, 공이요, 깨달음이다.

모든 종교의 길은 한 사람의 고요로 모인다.
칼을 든 이는 스스로 불안을 쥔다.
누군가의 믿음이 누군가의 생명을 해치는 그 자리에는
참된 신앙도, 참된 깨달음도 없다.

아랍과 이스라엘이 대치하는 이 땅에서,
종교가 종교를 겨누는 세상에서,
우리의 산사는 어디에 있어야 하는가?

이 길은 종소리가 전하는 길이다.
누군가에겐 바람 소리,
누군가에겐 말씀의 메아리.
어느 이름으로 부르든,
그 울림이 다만 또 다른 이의 등을 기대게 한다면,
그것이 부처의 길이요, 그리스도의 길이다.

무상을 닮은 자비와 영원을 품은 사랑이
마침내는 칼끝을 녹인다.
나는 그 길의 언저리에 앉아,
산사의 마루 끝에 발을 걸치고 조용히 묻는다.
어디에서 왔는가?
무엇으로 살고 있는가?
그리고 다시 일어선다.

어제의 상처와 오늘의 허물, 내일의 두려움을 품은 채로.
넘어져도 다시 일어서라 하시는 그리스도의 손
붙잡지 않아도 놓지 않는 그 손.
이름 없이 앉아도 이미 함께 숨 쉬고 있는 부처의 자비.
우리가 걷는 이 길,
서로 다른 듯 하나인 이 길이,
언젠가는 총과 칼을 내려놓게 하리라는
희미하지만 단단한 신념을
이 산사의 종소리에 실어 보내며
나는 오늘도 이 길을 걷는다.

산사 가는 길

발 행 일	2025년 8월 15일
지 은 이	讀氣軒　省覺
편 집 인	普 玄
발 행 처	도서출판 생각하는 사람
발 행 인	강 영 원
출판등록	2007년 3월 19일
주　　소	서울 서대문구 홍연8길 32-15 (연희동)
전　　화	010 5873 9139
이 메 일	aek 0119 @ han mail. net.

이 책은 저작권법에 따라 보호를 받는 저작물이므로 무단 전제와 복제를 금합니다. 책 내용의 전부 또는 일부를 이용하려면 반드시 저작권자 동의를 받아야 합니다.